AURORA A

ÉTICA E INTELIGENCIA

Cuestiones de Moralidad en la era de la IA

2025

Ética e Inteligencia

Aurora Amoris

CONTENIDO

CAPÍTULO 1

Inteligencia artificial y ética: preguntas básicas

1.1. Inteligencia artificial y derechos humanos

La inteligencia artificial (IA) se ha convertido en parte integral de la sociedad actual, influyendo en numerosos aspectos de la vida. A medida que su presencia continúa aumentando, es fundamental evaluar su posible impacto en los derechos humanos.

Una de las principales preocupaciones en relación con la IA y los derechos humanos es el problema de la privacidad. Las estructuras de IA suelen requerir grandes cantidades de información personal para funcionar eficazmente, lo que puede generar inquietudes generalizadas sobre la privacidad. Estas estructuras pueden recopilar, almacenar y gestionar datos confidenciales sobre personas, como historiales físicos, información financiera y oportunidades personales. Si se gestionan incorrectamente, esta información puede ser explotada, lo que puede provocar violaciones de la privacidad y la vulneración del derecho de las personas a controlar sus datos personales.

La creciente dependencia de la IA para tareas como la vigilancia y el análisis predictivo complica aún más el problema de la privacidad. La tecnología de IA permite el flujo masivo de información y la monitorización en tiempo real de las personas, lo que podría vulnerar su derecho a la privacidad y a no ser objeto de vigilancia injustificada. En algunos casos, el uso de la

IA para la vigilancia puede incluso dar lugar a extralimitaciones gubernamentales y prácticas autoritarias, amenazando así las libertades privadas.

A medida que las estructuras de IA se vuelven más avanzadas, garantizar la protección de los registros cobra importancia. Se necesitan marcos regulatorios sólidos para proteger los derechos de privacidad de las personas y establecer recomendaciones claras sobre cómo tratar, procesar y compartir los registros personales. El uso ético de la IA debe priorizar los derechos humanos, especialmente el derecho a la privacidad, una buena manera de prevenir el uso indebido.

La IA tiene la capacidad de reforzar los sesgos sociales existentes y perpetuar la discriminación. Las máquinas que aprenden de los algoritmos a menudo se basan en registros históricos para tomar decisiones, y si esas estadísticas están sesgadas, el dispositivo de IA también puede reflejar esos sesgos en sus resultados. Esto es especialmente preocupante cuando la IA se utiliza en áreas como la contratación, la aplicación de la ley y los préstamos, donde las decisiones sesgadas podrían tener efectos significativos para las personas.

Por ejemplo, las estructuras de IA utilizadas en estrategias de reclutamiento pueden, además, favorecer a ciertas organizaciones demográficas sobre otras, basándose en estadísticas sesgadas que reflejan desigualdades históricas. De igual manera, los algoritmos de vigilancia predictiva pueden centrarse desproporcionadamente en comunidades marginadas, lo que refuerza el racismo y la discriminación sistémicos.

Abordar el sesgo en la IA es fundamental para garantizar el respeto de los derechos humanos, especialmente el derecho a la igualdad y la no discriminación. Es fundamental ampliar los sistemas de IA transparentes y responsables, con mecanismos para detectar y corregir algoritmos sesgados. Además, garantizar la diversidad en los grupos que crean tecnología de IA puede contribuir a mitigar el sesgo y a garantizar que dichas estructuras sean honestas y justas.

Otro problema generalizado de derechos humanos relacionado con la IA es la brecha virtual: la distancia entre quienes tienen acceso a tecnologías avanzadas y quienes no. Si bien la IA tiene el potencial de impulsar el desarrollo y mejorar la calidad de vida, sus beneficios podrían no distribuirse equitativamente. Las personas en comunidades marginadas o en países en desarrollo también podrían carecer de los recursos o la infraestructura para acceder a la tecnología de IA, lo que agrava las desigualdades actuales.

Esta disparidad en el acceso a las tecnologías de IA puede causar, además, la marginación de las poblaciones vulnerables, negándoles la oportunidad de beneficiarse de las mejoras en la atención médica, la formación y el empleo. En el contexto de los derechos humanos, el derecho a acceder a la tecnología y al mundo digital cobra cada vez mayor relevancia. Es necesario esforzarse por reducir la brecha digital garantizando que la IA esté disponible para todos, independientemente de su ubicación geográfica o situación socioeconómica.

El auge de la IA y la automatización también plantea desafíos para los derechos laborales, en particular el desplazamiento de personas. Los sistemas de IA y los robots se utilizan cada vez más para desempeñar funciones que tradicionalmente desempeñaban las personas, lo que genera problemas de pérdida de empleo y desigualdad económica. En sectores como la producción, el transporte y la atención al cliente, la IA tiene la capacidad de reemplazar a las personas, dejando a muchas sin oportunidades laborales.

Desde la perspectiva de los derechos humanos, el derecho al trabajo es fundamental. Es crucial abordar las posibles influencias negativas de la IA en el empleo mediante el desarrollo de políticas que defiendan los derechos de los trabajadores frente a la automatización. Estas políticas también podrían incluir programas de capacitación, redes de seguridad social y proyectos para garantizar que la tecnología de IA se utilice para complementar, en lugar de reemplazar, el trabajo humano.

La IA ofrece tanto posibilidades como situaciones desafiantes en materia de derechos humanos. Por un lado, tiene la capacidad de mejorar la calidad de vida, facilitar el acceso a los servicios y contribuir al progreso social. Por otro lado, si no se gestiona adecuadamente, la IA puede exacerbar las violaciones de la privacidad, fomentar la discriminación y crear desigualdades económicas. Para garantizar que la IA respete y proteja los derechos humanos, es fundamental establecer directrices éticas sólidas, marcos regulatorios y mecanismos de supervisión. A medida que la IA se adapta, es crucial priorizar los derechos humanos en su desarrollo e implementación para crear una sociedad justa y equitativa para todos.

1.2. Cuestiones morales de la IA

El desarrollo y la integración de la inteligencia artificial (IA) en numerosos sectores de la sociedad plantean profundos problemas éticos que exigen un análisis cuidadoso. La IA está transformando el panorama de la era, pero también plantea complejas cuestiones sobre el deber, la ética y el futuro de la humanidad. Las exigentes cuestiones éticas que plantea la IA van más allá de las competencias de la propia tecnología; involucran cómo se diseñan, aplican y aplican las estructuras de IA en la sociedad.

Uno de los problemas éticos más urgentes relacionados con la IA es la rendición de cuentas. A medida que los sistemas de IA se vuelven más autosuficientes y capaces de tomar decisiones, será cada vez más difícil determinar quién es responsable cuando dichas estructuras cometen errores o causan daños. Por ejemplo, en el contexto de los motores autónomos, si ocurre un imprevisto, es dudoso que la responsabilidad recaiga en el fabricante, los desarrolladores de software o quienes poseen y operan el vehículo.

Esta ambigüedad en torno a la responsabilidad plantea cuestiones morales fundamentales. Si un dispositivo de IA toma una decisión que causa daños, ¿cómo se debe determinar la responsabilidad? ¿Puede un dispositivo ser moralmente responsable de sus acciones, o la culpa se atribuye siempre a sus creadores u operadores? Estas preguntas cuestionan las nociones tradicionales de responsabilidad, que suelen basarse totalmente en la acción y la intención humanas. A medida que las estructuras de IA se vuelven más independientes, la necesidad de nuevos marcos penales y directrices éticas para abordar estas cuestiones cobrará vital importancia.

La IA tiene el potencial de generar beneficios considerables, pero también presenta riesgos, especialmente cuando se utiliza en estrategias poco reguladas o controladas. La capacidad de la IA para determinar el daño es especialmente preocupante en áreas como la atención médica, la justicia penal y la guerra. Por ejemplo, los algoritmos basados en IA utilizados en la vigilancia predictiva o la imposición de sentencias deberían fortalecer los sesgos existentes y fomentar prácticas discriminatorias, al igual que la IA empleada en drones militares podría utilizarse para realizar ataques autosuficientes con escasa supervisión humana.

La posibilidad de que la IA se utilice con fines maliciosos, como la aparición de deepfakes o ciberataques, también aumenta las preocupaciones éticas. Estos programas de IA se emplearán para manipular a las personas, difundir desinformación y desestabilizar sociedades. En manos equivocadas, la IA podría convertirse en un arma, lo que provocaría daños considerables. Por lo tanto, una de las principales preocupaciones éticas en torno a la IA es garantizar su uso responsable y la implementación de las medidas de seguridad adecuadas para evitar su uso indebido.

Otro problema ético generalizado en torno a la IA es la cuestión de la autonomía. A medida que las estructuras de IA se vuelven más capaces de tomar decisiones sin intervención humana directa, se les ve cada vez más como agentes autónomos. Esto plantea interrogantes sobre la naturaleza de la toma de decisiones de la IA y sobre si las máquinas pueden realmente tomar decisiones éticas. ¿Se puede confiar en que un sistema tome decisiones éticamente correctas, o es la idea de una empresa ética algo inherentemente humano?

En algunos casos, las estructuras de IA pueden programarse para seguir ideas éticas, junto con las "Tres Leyes de la Robótica" impulsadas por Asimov. Sin embargo, estas regulaciones distan mucho de ser óptimas y pueden no tener en cuenta las complejidades de las condiciones globales reales. Además, las estructuras de IA solo pueden operar dentro de los parámetros establecidos por sus creadores, por lo que pueden replicar los sesgos, prejuicios y deficiencias éticas de quienes las diseñan.

La cuestión de la autonomía de la IA también aumenta la preocupación por la posición de la supervisión humana. ¿Debería permitirse que las estructuras de IA tomen decisiones completamente por sí mismas, o deberían ser los humanos quienes siempre tengan la última palabra? Existe un delicado equilibrio entre empoderar a la IA para tomar decisiones y preservar el control humano para garantizar que estas decisiones se ajusten a los valores éticos y morales.

Uno de los campos de la IA más controvertidos se encuentra en la tecnología naval y de defensa. El uso de la IA en estructuras de armas autosuficientes, como drones y robots, plantea importantes interrogantes éticos y morales sobre la función de las máquinas en situaciones de conflicto. La capacidad de la IA para tomar decisiones vitales sin intervención humana ha generado debates sobre la moralidad de delegar decisiones tan cruciales en las máquinas.

Los defensores de la IA en la guerra argumentan que las estructuras de IA podrían ser más específicas y poderosas que los seres humanos, lo que podría reducir las bajas civiles y mejorar el rendimiento de las operaciones militares. Sin embargo, los críticos sostienen que el uso de estructuras de armas autosuficientes podría provocar una escalada descontrolada, con máquinas que toman decisiones basadas en algoritmos en lugar del juicio humano. También existe el problema de que las armas impulsadas por IA podrían ser utilizadas por regímenes opresivos para librar guerras injustas o reprimir la disidencia.

El dilema ético de la IA en el campo de batalla radica en la cuestión de si es moralmente ideal permitir que las máquinas tomen decisiones que implican la vida o la muerte. ¿Pueden las máquinas comprender las complejidades de la guerra y el coste de la vida humana, o simplemente ejecutan instrucciones programadas? Las implicaciones éticas de la IA en la guerra son amplias y deben considerarse cuidadosamente a medida que estas tecnologías continúan evolucionando.

A medida que las estructuras de IA se integran cada vez más en diversos sectores, se observa una creciente deshumanización del trabajo. Las máquinas son cada vez más capaces de realizar tareas que antes realizaban las personas, desde el trabajo manual hasta la toma de decisiones complejas. Esto plantea la pregunta de cómo la creciente función de la IA en el personal podría afectar la dignidad humana y el coste del trabajo humano.

Las implicaciones éticas de la IA en el equipo laboral van más allá de la preocupación por la pérdida de puestos de trabajo. Existe el peligro de que la IA contribuya a una sociedad en la que las personas sean consideradas prescindibles y sus roles se reduzcan a responsabilidades repetitivas o serviles. En tal situación, el componente humano del trabajo podría perderse, y las personas podrían verse afectadas por una escasa comprensión y satisfacción laboral.

Además, los sistemas de IA utilizados en la contratación, las evaluaciones de desempeño y otros aspectos de los recursos humanos deberían contribuir a nuevas formas de discriminación, reforzando las desigualdades sociales existentes. La tarea ética reside en garantizar que la IA se utilice de forma que favorezca la dignidad y el bienestar humanos, en lugar de menoscabarlos.

En el ámbito sanitario, la IA ofrece la capacidad de realizar diagnósticos avanzados, planes de tratamiento personalizados y estructuras sanitarias más eficientes. Sin embargo, su uso en este campo también plantea importantes problemas éticos. Por ejemplo, los sistemas de IA utilizados para la toma de decisiones médicas deben diseñarse para priorizar el bienestar del paciente y respetar sus derechos. Existe el riesgo de que la IA se utilice para tomar decisiones que prioricen la rentabilidad sobre la atención al paciente, lo que daría lugar a situaciones en las que las personas sean tratadas como datos y no como personas.

Otra dificultad ética en la atención médica es la cuestión del consentimiento informado. A medida que los sistemas de IA se involucran más en diagnósticos y tratamientos científicos, los pacientes deben estar completamente informados sobre el papel que la IA desempeña en su atención. Deben tener derecho a elegir si desean o no ser tratados por sistemas impulsados por IA y deben tener la seguridad de que estas estructuras son transparentes, fiables y responsables.

Los problemas éticos que rodean a la IA son complejos y multifacéticos, y abarcan desde cuestiones de responsabilidad y obligación hasta cuestiones relacionadas con la autonomía, la privacidad y la capacidad de causar daños. A medida que la IA continúa adaptándose, es fundamental abordar estos problemas mediante marcos éticos bien pensados y medidas regulatorias. El objetivo debe ser garantizar que la IA se desarrolle y se utilice de forma coherente con los valores humanos y promueva el bienestar de la sociedad. Los desafíos éticos que plantea la IA no son solo de naturaleza técnica; se refieren fundamentalmente a cómo nosotros, como sociedad, decidimos definir y mantener los estándares éticos ante el avance inesperado de la tecnología.

1.3. La evolución del pensamiento ético

La noción ética se ha desarrollado notablemente a lo largo de la historia, moldeada por los avances filosóficos, culturales y tecnológicos. A medida que la humanidad avanza, también lo hace nuestro conocimiento de la moralidad, al enfrentar nuevos desafíos y dilemas derivados de los cambios en la sociedad, la tecnología y nuestro entorno.

Los orígenes de la idea moral se remontan a las civilizaciones históricas, donde los filósofos comenzaron a reflexionar sobre cuestiones de lo correcto y lo incorrecto, la justicia y la distinción. En la antigua Grecia, pensadores como Sócrates, Platón y Aristóteles sentaron las bases de la filosofía moral occidental. El énfasis de Sócrates en el autoexamen y la búsqueda de la virtud moral a través del conocimiento influyó en generaciones de pensadores. El idealismo de Platón presentó una visión de un universo ordenado y racional, donde las acciones éticas se alineaban con la búsqueda de la verdad y la justicia. Aristóteles, por su parte, desarrolló un enfoque más práctico de la ética, centrándose en la idea de la distinción. Según Aristóteles, vivir una vida ética se trataba de cultivar un comportamiento virtuoso que condujera al desarrollo de una persona correcta.

En Oriente, los sistemas éticos antiguos, como el confucianismo, el budismo y el hinduismo, también exploraron los principios morales, centrándose en la armonía, la compasión y la búsqueda de la iluminación espiritual. La ética confuciana, por ejemplo, enfatizaba la importancia de las relaciones, el respeto a la autoridad y la armonía social, mientras que el budismo promovía la reducción del sufrimiento y el cultivo de la compasión mediante la atención plena y la meditación.

Durante la Edad Media, las ideas éticas se vieron fuertemente influenciadas por la doctrina espiritual, especialmente en las religiones abrahámicas. En el cristianismo, el judaísmo y el islam, las normas éticas se basaban en los mandamientos divinos y la voluntad de Dios. Filósofos como San Agustín y Tomás de Aquino integraron la filosofía clásica con enseñanzas religiosas para dar forma a sistemas éticos que no solo se preocupaban por los actos humanos, sino también por el objetivo final de la salvación y la vida después de la muerte.

El pensamiento moral medieval giraba frecuentemente en torno a cuestiones de moralidad en el contexto de las responsabilidades espirituales, la justicia y el pecado. En esta época, se desarrolló la idea del orden natural, que sostenía que las normas morales podían derivarse de la naturaleza humana y del mundo que nos rodea, creado por Dios. La idea del mandato divino, que postulaba que los movimientos éticos eran aquellos que se alineaban con la voluntad de Dios, dominó gran parte del discurso ético durante esta época.

La Ilustración marcó un cambio fundamental en el pensamiento ético, al desplazarse el enfoque de los mandamientos divinos hacia la motivación humana y la autonomía individual. Pensadores como Immanuel Kant, John Locke y Jean-Jacques Rousseau cuestionaron la autoridad tradicional y la función de la fe en la configuración de las estructuras morales. La ética deontológica de Kant, por ejemplo, enfatizó la importancia de la responsabilidad y la regulación ética, afirmando que las personas deben actuar de acuerdo con los estándares comunes que pueden ser racionalmente deseados por todos los seres racionales. Para Kant, la moralidad ya no se trataba de los efectos de las acciones, sino de las intenciones que las motivan, guiadas por el propósito y el imperativo explícito.

El concepto de contrato social de John Locke inspiró la ética política actual, enfatizando la importancia de los derechos individuales y la función del gobierno en su protección. Las ideas de Rousseau sobre la democracia y la igualdad destacaron la importancia moral de la toma de decisiones colectiva y el derecho común.

La Ilustración también presenció el auge del utilitarismo, impulsado por figuras como Jeremy Bentham y John Stuart Mill. El utilitarismo postulaba que la acción correcta era la que generaba la mayor felicidad para la mayor variedad de personas. Esta idea consecuencialista desplazó el enfoque de la toma de decisiones éticas de las responsabilidades o las leyes éticas a las consecuencias de las acciones, lo que condujo a un enfoque ético más sensato que se aplicaría a las cuestiones sociales y políticas.

En la generación de vanguardia, el pensamiento moral perseveró en su diversificación, impulsado por los avances tecnológicos, la era y la filosofía. La llegada de la industrialización y la globalización generó nuevas exigencias morales, que incluyen problemas de justicia social, derechos humanos y desigualdad económica. El auge del existencialismo, liderado por filósofos como Jean-Paul Sartre y Simone de

Beauvoir, enfatizó la libertad de carácter, la responsabilidad y la búsqueda de sentido en un universo frecuentemente aislado. La ética existencialista rechazó las leyes morales comunes y, en su lugar, se centró en la importancia de la elección personal y la autenticidad.

El siglo XX también presenció el desarrollo del relativismo ético, que rechazaba el concepto de verdades morales absolutas y, en cambio, argumentaba que los valores y las normas morales se habían moldeado en función de contextos culturales, históricos y sociales. Esta perspectiva cuestionaba la universalidad de los conceptos éticos, sugiriendo que los juicios éticos eran subjetivos y dependían del carácter o de las perspectivas sociales.

El posmodernismo, además, complejizó el pensamiento ético al considerar los fundamentos mismos del entendimiento y la moralidad. Filósofos posmodernos como Michel Foucault y Jacques Derrida criticaron las grandes narrativas de la ética tradicional, sugiriendo que los sistemas éticos eran producto de relaciones eléctricas y construcciones sociales. El posmodernismo rechazó la idea de verdades objetivas y consagradas, y se centró más bien en la fluidez y la contingencia de los valores éticos.

Al entrar en el siglo XXI, el rápido desarrollo de la generación, especialmente en campos como la inteligencia artificial, la biotecnología y la ingeniería genética, añadió nuevos desafíos éticos que no podían abordarse completamente mediante los marcos morales convencionales. El auge de la IA, en particular, plantea interrogantes sobre la naturaleza de la conciencia artificial, la moralidad de la toma de decisiones autónoma y las implicaciones morales de crear estructuras inteligentes que superen las competencias humanas.

Los pensadores éticos se enfrentan a las consecuencias de la IA en el contexto de los marcos éticos actuales. Por ejemplo, la idea de la ética de los dispositivos —la cuestión de si la IA puede programarse para actuar éticamente— ha despertado un amplio interés. El desarrollo de estructuras autosuficientes que toman decisiones sin intervención humana desafía nuestra comprensión del deber, la responsabilidad y la actividad ética. Cuestiones como si se deben otorgar derechos a la IA o cómo se le puede exigir responsabilidades por sus acciones son fundamentales en los debates éticos actuales.

Además, el rápido ritmo del comercio tecnológico ha suscitado preocupación por la erosión de la privacidad, las consecuencias de la tecnología de vigilancia y la posibilidad de que la IA agrave las desigualdades sociales. Los desafíos morales que plantea la IA exigen nuevos procedimientos de razonamiento ético que tengan en cuenta las complejidades e incertidumbres de las tecnologías emergentes.

El rápido auge de la IA exige la variación de las teorías morales para abordar las nuevas realidades de un mundo cada vez más informatizado. La ética deontológica, el utilitarismo y la ética de las características distintivas proporcionan marcos de referencia para comprender las implicaciones éticas de la IA, pero todas se enfrentan a desafíos al aplicarlas a la toma de decisiones de los dispositivos. Por ejemplo, los deontólogos pueden tener dificultades para aplicar imperativos categóricos a las máquinas autosuficientes, mientras que los utilitaristas deben afrontar la dificultad de calcular los resultados de las acciones de la IA en estructuras complejas y dinámicas.

La ética de las virtudes, que enfatiza el desarrollo de conocimientos individuales y éticos deseables, puede ofrecer un enfoque más flexible para la ética de la IA. Al centrarse en las virtudes que deben abarcar los sistemas de IA, como la equidad, la transparencia y la empatía, la ética de las características distintivas debería contribuir al desarrollo de tecnologías de IA que se ajusten a los valores humanos.

La evolución de la idea moral refleja el esfuerzo continuo de la humanidad por reconocer y comprender las complejidades de la moralidad, en particular con el surgimiento de nuevas tecnologías. Desde el reconocimiento histórico de la distinción y la justicia hasta el énfasis moderno en los derechos, la autonomía y los efectos, los sistemas éticos se han adaptado para afrontar las exigentes situaciones de su tiempo. A medida que la IA y otras tecnologías avanzadas configuran nuestro mundo, es fundamental que los marcos éticos evolucionen para abordar los dilemas éticos específicos que plantean. El futuro de la ética en la era de la IA probablemente incluirá una síntesis de los principios éticos tradicionales con nuevos enfoques que tengan en cuenta las posibilidades y los riesgos de las tecnologías emergentes.

1.4. Marcos éticos para el desarrollo de la IA

El auge de la inteligencia artificial ha generado una de las fuerzas tecnológicas más transformadoras en la historia de la humanidad. Su creciente presencia en ámbitos cruciales —desde la atención médica y la formación hasta los conflictos y las finanzas— no solo ha redefinido las capacidades humanas, sino que también ha reavivado cuestiones fundamentales sobre el deber moral, la responsabilidad laboral y la justicia. A medida que los sistemas de IA empiezan a tomar decisiones que antes estaban reservadas al juicio humano, la necesidad de marcos éticos claramente articulados se vuelve más urgente y compleja. Estos marcos no son meros juegos físicos teóricos; conforman el andamiaje moral sobre el que las sociedades deben cimentar el despliegue y la gobernanza de las máquinas inteligentes. Sin ellos, el avance de la IA también puede superar nuestra capacidad de manipular sus resultados, con el riesgo de perjudicar a las personas, las comunidades o incluso a las generaciones futuras.

El desarrollo de marcos éticos para la IA comienza con la popularidad de que los sistemas inteligentes ya no funcionan de forma aislada. Son diseñados, entrenados e implementados por actores humanos integrados en sistemas sociales, políticos y financieros complejos. Estas decisiones humanas —qué datos recopilar, qué objetivos optimizar, qué comportamientos fomentar— están profundamente condicionadas por las opiniones. El desarrollo ético de la IA, por lo tanto, exige una reflexión profunda sobre los supuestos inherentes al código y un esfuerzo planificado para alinear las habilidades tecnológicas con los valores humanos compartidos. Sin embargo, esta alineación no es un proceso sencillo. Las sociedades del mundo varían en sus tradiciones éticas, normas culturales y prioridades políticas. La misión de construir marcos éticos de IA debe, por consiguiente, equilibrar la universalidad con la particularidad cultural, el rigor técnico con la sensibilidad ética, y la innovación con la precaución.

En el corazón de cualquier marco moral residen principios inamovibles que rigen la conducta y la toma de decisiones. En el contexto de la IA, estas ideas se han desarrollado con el tiempo, inspiradas tanto por tradiciones filosóficas como por tendencias tecnológicas internacionales. Uno de los puntos de partida más comunes es la dedicación a la dignidad humana y la autonomía. Los sistemas inteligentes deben potenciar, en lugar de socavar, la iniciativa empresarial individual. Este principio desafía el desarrollo de estructuras que manipulen el comportamiento del usuario, fomenten sesgos cognitivos o difuminen los métodos de toma de decisiones. Afirma que las personas tienen derecho a reconocer, cuestionar y rechazar los sistemas algorítmicos que influyen en sus vidas de forma significativa. En términos prácticos, esto significa integrar la explicabilidad en el diseño de la IA, garantizando que los usuarios no sean simplemente receptores pasivos de las decisiones de las máquinas, sino participantes informados en entornos virtuales.

El principio de equidad está estrechamente asociado con la autonomía. La equidad en IA es notoriamente difícil de definir y operacionalizar, pero sigue siendo crucial para cualquier evaluación ética. Las estructuras de IA entrenadas con estadísticas históricas pueden reproducir e incluso exacerbar sesgos sociales, lo que lleva a resultados discriminatorios en la contratación, los préstamos, la vigilancia policial y el pasado. Por lo tanto, un marco ético debe abordar no solo las métricas de rendimiento de un algoritmo, sino también la justicia distributiva de sus resultados. La equidad exige un análisis profundo de los datos educativos, las opciones de modelado y los contextos de implementación. Requiere una supervisión continua y la voluntad de transformar los sistemas a la luz de sus influencias internacionales reales. Además, la equidad no siempre es un concepto universal; varía en función de los valores de las comunidades afectadas. Por lo tanto, el desarrollo ético de IA debe incluir procedimientos participativos que incluyan diversas voces para definir qué significa la equidad en contextos específicos.

Otro elemento fundamental es la responsabilidad. Los sistemas de IA pueden ofuscar las tensiones de responsabilidad, en particular cuando las decisiones surgen de redes neuronales complejas o cuando múltiples actores (soportes de datos, desarrolladores de software, integradores de dispositivos) contribuyen a un sistema determinado. Los marcos éticos deben garantizar la rendición de cuentas en todas las etapas del ciclo de vida de la IA. Esto implica no solo mecanismos técnicos, como registros de auditoría y documentación de modelos, sino también mecanismos penales e institucionales que asignan responsabilidades y permiten la reparación. La rendición de cuentas también se extiende a daños sociales más amplios, como el efecto de la automatización en el empleo o los costos ambientales de la educación de grandes modelos. En este sentido, los marcos éticos deben fomentar un conocimiento holístico de los efectos de la IA, evitando la tentación de centrarse únicamente en el rendimiento técnico e ignorando las consecuencias sistémicas.

La transparencia se defiende con frecuencia como piedra angular de la IA ética, pero su implementación presenta desafíos. Muchos modelos de IA, en particular los basados en el conocimiento profundo, funcionan como contenedores negros, lo que hace que sus métodos de selección sean ininteligibles incluso para sus creadores. Los marcos éticos deben abordar las diferencias entre rendimiento e interpretabilidad, impulsando avances en la IA explicable y reconociendo las limitaciones de las estrategias de vanguardia. La transparencia también incluye la transparencia respecto a los recursos de datos, las suposiciones, los límites y los riesgos de capacidad. No basta con publicar documentos técnicos o proporcionar código; una transparencia significativa requiere comunicarse con los grupos afectados de forma práctica y honesta. Además, la transparencia no es solo una cuestión de divulgación, sino de desarrollo de la confianza. Los marcos éticos deben fomentar un estilo de vida en el que la transparencia se valore no como un requisito de cumplimiento, sino como un deber ético hacia quienes se ven afectados por las estructuras de IA.

La privacidad, un tema vital desde hace tiempo en la ética digital, adquiere nuevas dimensiones en la era de la IA. Las estructuras de aprendizaje automático dependen en gran medida de grandes conjuntos de datos, que a menudo contienen información privada sensible. Los marcos éticos deben proteger la privacidad de las personas no solo mediante salvaguardas técnicas como el cifrado y la privacidad diferencial, sino también mediante compromisos normativos con la minimización de datos, el consentimiento informado y la justificación de los motivos. Además, la privacidad debe entenderse en términos relacionales: no se trata solo de controlar los datos, sino de preservar la dignidad y la autonomía de las personas en entornos datificados. El auge de las tecnologías de vigilancia, especialmente en contextos autoritarios, subraya la urgencia de integrar sólidas protecciones de la privacidad en el desarrollo de la IA. Al mismo tiempo, los marcos éticos deben abordar las tensiones entre la privacidad y otros valores, como la salud pública o la seguridad, lo que exige una reflexión matizada en lugar de posturas absolutistas.

Más allá de estas ideas centrales, los marcos éticos deben abordar las implicaciones sociales y geopolíticas más amplias de la IA. El despliegue de tecnologías de IA a menudo refleja y refuerza las estructuras eléctricas actuales. Las empresas y los gobiernos ricos ejercen una influencia desproporcionada sobre el desarrollo y el uso de la IA, lo que plantea problemas relacionados con la monopolización, el colonialismo digital y la gobernanza tecnocrática. La IA ética debe estar atenta a estas dinámicas, abogando por sistemas de gobernanza inclusivos, el acceso equitativo a los beneficios y la resistencia a la concentración de poder. Esto incluye el apoyo a proyectos de código abierto, la inversión en investigación de IA de interés público y mecanismos de cooperación internacional. Además, los marcos éticos deben anticipar la difusión global de la IA y la necesidad de un lenguaje transcultural. Si bien las ideas generalizadas pueden ofrecer una base compartida, su interpretación y aplicación deben reconocer la diversidad cultural y las prioridades locales.

En los últimos años han proliferado los esfuerzos institucionales para codificar estándares éticos, lo que refleja la creciente popularidad de la necesidad de una guía ética en el desarrollo de la IA. Organizaciones como la Comisión Europea, la OCDE, el IEEE y la UNESCO han publicado sugerencias que enfatizan los valores centrados en el ser humano, el diseño honesto y la innovación sostenible. Si bien estos documentos varían en alcance y aplicabilidad, en conjunto señalan un amplio consenso sobre la importancia de la ética en la IA. Sin embargo, los críticos advierten sobre el "lavado de imagen ética", en el que los grupos utilizan un lenguaje ético para desviar las críticas sin modificar sustancialmente sus prácticas. Por lo tanto, los marcos éticos deben respaldarse mediante mecanismos de responsabilidad, cumplimiento y escrutinio público. Esto incluye la supervisión regulatoria, los códigos de conducta profesionales y la participación de la sociedad civil. La ética no puede seguir siendo un objetivo contable; debe institucionalizarse de forma que moldee la conducta real-internacional.

Una tarea especialmente compleja para la IA moral es la cuestión del pluralismo ético. Distintas sociedades tienen perspectivas divergentes sobre valores fundamentales como la libertad, la igualdad, la autoridad y la red. Lo que un estilo de vida considera apropiado —por ejemplo, la vigilancia predictiva o el reconocimiento facial— puede resultar aborrecible para otros. Los marcos éticos deben abordar estas variaciones sin sucumbir al relativismo ni al imperialismo. Un método consiste en anclar los conceptos éticos en los derechos humanos reconocidos mundialmente, que ofrecen una base normativa a la vez que permiten la variación cultural. Otro método consiste en fomentar estrategias deliberativas que permitan a diversas partes interesadas negociar conjuntamente estándares éticos. El desarrollo de la IA ética no es necesariamente una tarea técnica; es una tarea democrática que debe guiarse por métodos inclusivos y participativos.

A medida que los sistemas de IA se vuelven más autosuficientes e integrados en la toma de decisiones, los riesgos morales se vuelven aún mayores. Preguntas que antes se limitaban a debates filosóficos ahora exigen respuestas prácticas. ¿Puede un coche autónomo priorizar vidas en un escenario de coincidencia? ¿Debería permitirse que un conjunto de normas de contratación tome las decisiones finales? ¿Cómo podemos garantizar que el contenido generado por IA respete la verdad y evite la manipulación? Estos dilemas se resisten a las soluciones fluidas, y los marcos éticos deben ser lo suficientemente flexibles como para albergar la reflexión y el aprendizaje continuos. Además, el rápido ritmo de la innovación en IA requiere un enfoque dinámico de la ética. Los marcos deben actualizarse en respuesta a las nuevas competencias, los riesgos emergentes y las cambiantes expectativas sociales. Los códigos estáticos no son suficientes;

lo que se necesita son infraestructuras éticas vivas que evolucionen con la tecnología que rigen.

De cara al futuro, los marcos éticos para la IA deben ampliar sus horizontes temporales y ecológicos. El efecto de la IA no siempre se limita a ofrecer a los clientes o programas instantáneos. Las decisiones que se toman hoy sobre la recopilación de información, el diseño de versiones y la implementación de dispositivos moldearán el futuro de forma profunda. La IA ética debe incorporar conceptos de justicia intergeneracional, considerando las consecuencias a largo plazo en las estructuras sociales, las instituciones democráticas y el medio ambiente. En concreto, las necesidades energéticas de los grandes modelos educativos plantean interrogantes sobre la sostenibilidad y el impacto climático. Un marco ético de IA debe preocuparse tanto por la salud del planeta como por la equidad algorítmica. Es preciso reconocer que el progreso tecnológico no es inherentemente virtuoso; su valor depende de cómo sirva al derecho común.

El desarrollo de marcos éticos para la IA es una iniciativa inherentemente interdisciplinaria y colaborativa. Requiere las perspectivas de especialistas en ética, tecnólogos, científicos sociales, investigadores penitenciarios, legisladores y, fundamentalmente, las voces de quienes se ven más afectados por las estructuras de IA. Exige humildad, vigilancia y la disposición a afrontar verdades incómodas. La ética ya no debe reducirse a una lista de verificación ni a una idea de último momento; debe integrarse en cada etapa del ciclo de vida de la IA. El futuro de la inteligencia artificial se forjará no solo por lo que podamos construir, sino por lo que elijamos construir. Los marcos éticos son nuestra brújula en esa aventura. Nos recuerdan que el poder tecnológico implica una obligación moral y que las decisiones que tomemos hoy tendrán un eco en el futuro. El grado de éxito de la IA no residirá en su inteligencia, sino en su alineamiento con nuestras aspiraciones éticas más elevadas.

1.5. El desafío del sesgo en los sistemas de IA

En el corazón de cada dispositivo de inteligencia artificial reside una constelación de registros, algoritmos y arquitecturas de toma de decisiones construidas por manos humanas. Estos sistemas prometen objetividad, escalabilidad y rendimiento; sin embargo, irónicamente, a menudo heredan las imperfecciones, los prejuicios y las desigualdades inherentes a las sociedades que los diseñaron. Una de las preocupaciones más apremiantes que enfrenta el futuro de la IA es la constante y generalizada tarea del sesgo. El sesgo en la IA no es un defecto teórico o abstracto; es un hecho medible y consecuente con implicaciones para la justicia, la oportunidad y la dignidad humana. Desde plataformas de contratación que priorizan a candidatos masculinos hasta sistemas de vigilancia predictiva que se dirigen desproporcionadamente a grupos minoritarios, la

IA sesgada amenaza con reproducir y aumentar los mismos tipos de discriminación que muchos esperaban que las máquinas inteligentes superaran. Por lo tanto, comprender, identificar y mitigar el sesgo en los sistemas de IA no es solo un imperativo técnico, sino también ético, social y político.

El sesgo, en su acepción más conocida, se refiere a una desviación sistemática de la neutralidad o la equidad. En el contexto de la IA, se manifiesta cuando un algoritmo produce constantemente resultados que favorecen o perjudican a personas o entidades específicas, generalmente en función de su raza, género, etnia o geografía. Cabe destacar que esto no siempre es resultado de un prejuicio intencional por parte de los desarrolladores. Con mayor frecuencia, el sesgo surge sutilmente, como resultado involuntario de decisiones de diseño, limitaciones de datos o prioridades institucionales. Esto lo hace aún más insidioso: el sesgo en la IA rara vez es el resultado de un solo defecto, sino el impacto acumulativo de infinitas decisiones, cada una aparentemente racional o benigna por separado, pero discriminatorias en conjunto.

La información es la base de cualquier dispositivo de IA. Los datos son el elemento vital del aprendizaje automático, proporcionando la materia prima a partir de la cual los algoritmos generan patrones, predicciones y tareas. Sin embargo, las estadísticas del mundo real distan mucho de ser neutrales. Reflejan los comportamientos, las decisiones y las desigualdades de las sociedades modernas y modernas. Los datos históricos de contratación, por ejemplo, también podrían revelar desigualdades de género de larga data en puestos técnicos, no porque las mujeres sean menos capaces, sino debido a años de exclusión, sesgo y condicionamiento social. Cuando estos datos se utilizan para entrenar algoritmos de contratación, el dispositivo también puede "aprender" que los candidatos masculinos son los más conocidos, sin reconocer que esto refleja un sesgo sistémico en lugar de un beneficio intrínseco.

Este fenómeno, conocido como sesgo histórico, se ve agravado por el sesgo de representación, que se produce cuando ciertas poblaciones están subrepresentadas o tergiversadas en la información educativa. Por ejemplo, se demostró que los sistemas de reconocimiento facial funcionan considerablemente peor en personas con tonos de piel más oscuros, en gran parte debido a que los conjuntos de datos utilizados para entrenarlos contienen una cantidad desproporcionada de rostros de piel clara. Las consecuencias de este sesgo no son triviales. En las fuerzas del orden, una identificación errónea mediante reconocimiento facial puede provocar arrestos, detenciones y enredos criminales injustificados que afectan de forma desproporcionada a los grupos marginados. En el ámbito sanitario, los algoritmos entrenados principalmente con datos de poblaciones blancas y adineradas también podrían no diagnosticar ni priorizar adecuadamente a pacientes de diferentes orígenes demográficos, lo que genera disparidades en la atención y los resultados.

El sesgo en la IA también surge de los métodos con los que se formulan los problemas y se traducen en términos computacionales. Cada conjunto de reglas refleja un conjunto de prioridades: qué optimizar, qué ignorar, qué considerar un éxito. Estas decisiones rara vez son independientes del coste. Por ejemplo, un algoritmo de predicción de delitos podría diseñarse para reducir los falsos negativos (no anticipar un delito que ocurre) a la tasa de falsos positivos (predecir un delito que no ocurre). Esta compensación puede parecer justificable desde una perspectiva estadística, pero tiene graves implicaciones morales si resulta en un exceso de vigilancia policial en ciertas comunidades o en la estigmatización de organizaciones específicas. Además, el mero acto de cuantificar fenómenos sociales complejos —como la probabilidad, la seguridad o el valor— invita a la distorsión. Las vidas humanas no se reducen fácilmente a factores de información o calificaciones de oportunidad, y los esfuerzos para lograrlo a menudo reflejan y refuerzan las suposiciones culturales dominantes.

El diseño de los sistemas de IA se forma profundamente con la ayuda de quienes los desarrollan. Los desarrolladores comparten sus propias perspectivas, estudios y puntos ciegos ante la introducción de algoritmos. En una empresa tecnológica predominantemente masculina, blanca y próspera, esta homogeneidad puede traducirse en sistemas que se adaptan a las aficiones y normas de un grupo demográfico reducido. Este sesgo de los desarrolladores no siempre es evidente, pero a pesar de ello es influyente. Afecta todo, desde la selección de las preguntas de investigación hasta la interpretación de los resultados, la definición de métricas de rendimiento y la priorización de funciones. Por lo tanto, los esfuerzos para diversificar la fuerza laboral de IA ya no son solo cuestiones de inclusión o representación; son esenciales para garantizar que los sistemas que se construyen reflejen una gama más amplia de historias y valores humanos.

Otra fuente crítica de sesgo en la IA es institucional y sistémica. Las organizaciones adoptan con frecuencia herramientas de IA para agilizar la selección de personal en contextos como la contratación, los préstamos, los seguros y la justicia penal. Sin embargo, estas mismas instituciones pueden albergar desigualdades estructurales. Cuando las estructuras de IA se implementan en estos entornos, corren el riesgo de consolidar y legitimar estas desigualdades bajo la apariencia de objetividad. Por ejemplo, si una institución financiera ha denegado tradicionalmente préstamos a candidatos de ciertas zonas, un conjunto de normas de aprobación de préstamos basado en registros externos también puede determinar que los solicitantes de esas zonas son inherentemente de alto riesgo. El sistema, lejos de ser imparcial, se convierte en un mecanismo para perpetuar la segregación racial (redlining), una práctica que antes era explícitamente racista y que ahora renace en el lenguaje de la inferencia estadística. Estas dinámicas ilustran cómo el sesgo en la IA a menudo se relaciona menos con algoritmos deshonestos y más con los contextos institucionales en los que operan.

Reconocer el sesgo es un primer paso esencial, pero mitigarlo requiere intervenciones concretas en varios niveles. Una técnica consiste en la creación y la conservación cuidadosas de los conjuntos de datos. Esto incluye esfuerzos para garantizar la estabilidad demográfica, corregir desequilibrios históricos y auditar los conjuntos de datos para detectar anomalías o lagunas. Sin embargo, este es un proyecto intimidante. Los registros internacionales reales son confusos, complejos y, a menudo, confidenciales. Además, la opción por la inclusión puede entrar en conflicto con cuestiones relacionadas con la privacidad, el consentimiento y la minimización de datos. La tecnología de registros sintéticos, en la que se crean conjuntos de datos sintéticos para ampliar la representación de los grupos subrepresentados, ofrece una solución potencial, pero plantea dudas sobre su autenticidad y realismo.

Otra vía implica estrategias algorítmicas diseñadas para detectar y reducir sesgos. Estas incluyen técnicas de preprocesamiento de registros, edición de algoritmos de aprendizaje para que sean respetuosos con la equidad y resultados posteriores al procesamiento para garantizar la imparcialidad. Si bien son prometedoras, estas estrategias a menudo se enfrentan a dilemas entre precisión y equidad, transparencia y complejidad. No existe una definición infalible de equidad, y optimizar una métrica también puede empeorar cualquier otra. Por ejemplo, igualar precios falsos entre organizaciones también puede generar disparidades en diferentes métricas de rendimiento. Gestionar estas disyuntivas requiere no solo talento técnico, sino también juicio ético y la participación de las partes interesadas.

La posición de la regulación y la gobernanza para abordar el sesgo en la IA es cada vez más relevante. Los gobiernos y los organismos reguladores están comenzando a desarrollar marcos para auditar y certificar sistemas de IA, en particular en dominios de alto riesgo. La propuesta de Ley de IA de la Unión Europea, por ejemplo, clasifica los programas de IA según su nivel de riesgo e impone requisitos estrictos a aquellos considerados de alto riesgo, incluyendo transparencia, documentación y supervisión humana. En Estados Unidos, el debate sobre la responsabilidad algorítmica está cobrando impulso a nivel nacional y federal, con propuestas para pruebas de impacto algorítmico, mandatos de divulgación pública y salvaguardas contra la discriminación. Sin embargo, las respuestas regulatorias siguen siendo fragmentadas y desiguales, y los mecanismos de aplicación aún están en desarrollo.

La concienciación pública y la defensa han desempeñado un papel esencial para visibilizar el problema del sesgo en la IA. Denunciantes, periodistas e investigadores han descubierto las fallas y los daños de los sistemas sesgados, a menudo con un valor personal y profesional extraordinario. Figuras como Joy Buolamwini, Timnit Gebru y Cathy O'Neil se han convertido en voces destacadas en la lucha contra la injusticia algorítmica, enfatizando la necesidad de transparencia, responsabilidad y un diseño inclusivo. Las organizaciones de la sociedad civil han desarrollado herramientas para auditorías de redes, evaluaciones de impacto y procesos de diseño participativo que priorizan las voces de quienes se ven más afectados por las estructuras de IA. Estos esfuerzos subrayan la importancia de democratizar la gobernanza de la IA y empoderar a los grupos afectados para que desarrollen las tecnologías que impactan en sus vidas.

La educación y la alfabetización también son componentes clave de cualquier estrategia a largo plazo para abordar el sesgo. A medida que la IA se integre cada vez más en la vida cotidiana, es fundamental que los usuarios —ya sean personas, instituciones o legisladores— comprendan cómo funcionan estos sistemas, cuáles son sus límites y cómo cuestionar sus resultados. Esto implica no solo conocimientos técnicos, sino también cuestionamiento crítico, razonamiento ético y conocimiento ancestral. El sesgo en la IA no es un gusano en la máquina; es un reflejo de injusticias sociales más profundas. Abordarlo requiere compromiso con la equidad, disposición para afrontar verdades incómodas y la valentía de imaginar futuros con posibilidades.

De cara al futuro, el desafío del sesgo en la IA se volverá cada vez más complejo. A medida que los sistemas se vuelven más autosuficientes, multimodales e integrados en las infraestructuras de toma de decisiones, aumenta el riesgo de sesgo. Tecnologías emergentes como los grandes modelos de lenguaje, la IA generativa y los equipos de vigilancia en tiempo real presentan nuevos vectores de sesgo, algunos de los cuales pueden ser difíciles de anticipar o controlar. Además, la globalización del desarrollo de la IA implica que los sesgos no se limitan a las barreras nacionales; un dispositivo sesgado desarrollado en un contexto único tendrá un efecto dominó en todo el mundo. La cooperación internacional, el diálogo transcultural y los compromisos éticos compartidos podrían ser cruciales para abordar este panorama.

El desafío del sesgo en la IA no se puede resolver de una vez por todas. Es un proceso continuo de reflexión, vigilancia y edición. Requiere humildad por parte de los desarrolladores, apertura por parte de las instituciones y empoderamiento por parte de las comunidades. El objetivo no es construir estructuras perfectas —una tarea imposible—, sino construir sistemas responsables, receptivos y alineados con nuestros ideales máximos. En este intento, el sesgo no es solo un obstáculo técnico, sino una prueba ética. Nos cuestiona quiénes somos, a quién valoramos y qué tipo de mundo queremos construir. La inteligencia artificial es sumamente prometedora, pero solo si afrontamos sus desafíos con honestidad, integridad y compromiso con la justicia.

CAPÍTULO 2

Inteligencia artificial y toma de decisiones

2.1 Procesos de toma de decisiones de la IA

La Inteligencia Artificial (IA) ha trascendido los sistemas de software convencionales al mejorar la capacidad de las máquinas para recopilar información, analizarla y tomar decisiones basadas en ella. Las estrategias de toma de decisiones en IA han evolucionado desde el simple seguimiento de reglas y algoritmos hasta la incorporación de enfoques más dinámicos, basados en el aprendizaje y personalizados.

Las estrategias de toma de decisiones de la IA suelen basarse en componentes fundamentales : procesamiento y modelado de datos. Este proceso puede incluir tanto técnicas de aprendizaje similares a las humanas (incluido el aprendizaje profundo) como estrategias más tradicionales basadas en reglas. La IA interactúa con su entorno, procesa información y crea modelos a partir de ella para tomar decisiones. El proceso de toma de decisiones en la IA sigue varios pasos clave:

1. Recopilación de datos: Las estructuras de IA recopilan datos estadísticos de diversos recursos, como sensores, estructuras digitales, interacciones con los usuarios, redes sociales y más. Estos datos son un recurso fundamental para que la IA comprenda su entorno y realice acciones.

2. Procesamiento y análisis de datos: Tras recopilar información, los sistemas de IA analizan los registros mediante métodos estadísticos, algoritmos de adquisición de datos o

técnicas de adquisición de datos en profundidad. La IA extrae información valiosa de las estadísticas, predice posibles resultados o construye modelos esenciales para la toma de decisiones.

3. Desarrollo de modelos: Con base en las estadísticas procesadas, la IA crea un modelo matemático o estadístico. Este modelo está capacitado para predecir estados futuros o tomar decisiones que permitan alcanzar objetivos específicos. El modelo puede construirse mediante estrategias como regresión lineal, árboles de selección o redes neuronales.

4. Toma de decisiones y aplicación: Una vez desarrollada la versión, la IA toma decisiones basándose en las predicciones realizadas mediante ella. Estas decisiones se optimizan mediante un proceso en el que la IA selecciona la mejor dirección de movimiento para alcanzar un objetivo. Posteriormente, la IA aplica estas decisiones para influir en su entorno.

Generalmente, en las estrategias de toma de decisiones de la IA se emplean varias estrategias clave:

1. Aprendizaje automático (ML): El aprendizaje automático es un método que permite a la IA aprender de las estadísticas. En este método, se entrena un modelo con un conjunto de datos y luego se examina con datos nuevos e inéditos. El aprendizaje automático se divide en subcategorías como aprendizaje supervisado, aprendizaje no supervisado y aprendizaje por refuerzo.

Aprendizaje supervisado: la IA es experta en registros categorizados y aprende a predecir un resultado apropiado para información nueva.

Aprendizaje no supervisado: la IA recibe datos sin etiquetar y revela estilos o sistemas dentro de los registros, junto con la agrupación en clústeres.

Aprendizaje por refuerzo: la IA aprende interactuando con su entorno y recibiendo comentarios en forma de recompensas y penalizaciones para optimizar su toma de decisiones.

2. Aprendizaje profundo: El aprendizaje profundo, un subconjunto del aprendizaje automático, es especialmente eficaz para gestionar grandes conjuntos de datos. Mediante el uso de redes neuronales artificiales, el aprendizaje profundo permite a la IA procesar datos complejos y tomar decisiones basadas en patrones con matices. Esta técnica se utiliza ampliamente en aplicaciones como el reconocimiento de imágenes y el procesamiento del lenguaje natural.

3. Árboles de decisión y bosques aleatorios: Los árboles de decisión son estructuras donde cada rama representa una circunstancia y las hojas constituyen consecuencias o decisiones. Los bosques aleatorios combinan un par de árboles de elección para mejorar la precisión de la predicción, lo que resulta en una técnica de selección más fiable.

4. Algoritmos genéticos: Inspirados en la selección natural, los algoritmos genéticos buscan las respuestas más importantes mediante la evolución de respuestas mediante tácticas que incluyen la reproducción, la mutación y la elección. La IA utiliza estos algoritmos para descubrir diversas opciones y mejorar su selección a lo largo de los años.

La eficacia de los enfoques de toma de decisiones de la IA está fuertemente influenciada por el factor humano. Los humanos desempeñan un papel esencial en el diseño de sistemas de IA, guiando las estrategias de selección considerando factores morales, sociales y culturales. Las decisiones tomadas mediante IA se basan en la información y la supervisión proporcionadas por los humanos.

1. Etiquetado y selección de datos: Los humanos etiquetan y seleccionan la información utilizada para capacitar a los modelos de aprendizaje del dispositivo. Este proceso es fundamental para asegurar que el modelo aprenda a tomar decisiones correctas. Los errores en el etiquetado de datos o la selección sesgada de datos pueden provocar resultados erróneos en las estructuras de IA.

2. Sesgo algorítmico: Los humanos influyen en la toma de decisiones de la IA a través de los sesgos inherentes a la información que proporcionan. Si la IA se entrena con estadísticas sesgadas, sus decisiones pueden verse sesgadas en detrimento de ciertas agencias o puntos de vista, lo que resulta en resultados injustos.

3. Decisiones éticas y responsabilidad: Los seres humanos también deben considerar la responsabilidad moral al diseñar métodos de toma de decisiones de IA. La IA puede tomar decisiones que podrían ser peligrosas o arriesgadas para las personas, por lo que es fundamental que la toma de decisiones se supervise y se ajuste a los estándares éticos.

Los resultados sociales de los procesos de toma de decisiones de la IA son cada vez mayores. El impacto de la IA abarca numerosos campos, como la salud, las finanzas, los sistemas judiciales y la educación. Las decisiones tomadas mediante la IA pueden tener profundos efectos en personas, empresas y comunidades. Por ejemplo, en el ámbito sanitario, la toma de decisiones de la IA puede afectar directamente los planes de tratamiento de los pacientes. Los siguientes elementos destacan algunas de las principales implicaciones sociales:

1. Desigualdad social y discriminación: Las estrategias de toma de decisiones basadas en IA tienen el potencial de exacerbar las desigualdades sociales. Por ejemplo, las estructuras de calificación crediticia impulsadas por IA podrían perjudicar a las personas en función de sus historiales financieros, perpetuando las brechas sociales y económicas. Por lo tanto, es fundamental que las estructuras de IA se diseñen con equidad, garantizando que no refuercen los sesgos ni las desigualdades existentes.

2. Transparencia y rendición de cuentas: Las técnicas de toma de decisiones de la IA pueden ser complejas y difíciles de comprender. Esto pone de relieve la necesidad de transparencia y responsabilidad en la toma de decisiones. Las partes interesadas, como los usuarios y los organismos reguladores, deben comprender cómo la IA llega a sus conclusiones y exigirle responsabilidades por sus acciones.

Las estrategias de toma de decisiones de la IA se basan en estrategias avanzadas de evaluación y modelado de registros, desarrollando estructuras de toma de decisiones dinámicas y personalizadas. La participación humana es fundamental para garantizar que estos sistemas funcionen de forma ética y eficaz, con responsabilidad y equidad. A medida que la IA desempeña un papel cada vez más importante en numerosos sectores, es fundamental perfeccionar y supervisar continuamente estas técnicas de toma de decisiones para abordar las preocupaciones sociales y garantizar resultados óptimos para todos.

2.2. La IA y su impacto en la humanidad

La Inteligencia Artificial (IA) se ha convertido en una de las fuerzas más transformadoras en la historia de la humanidad. Su impacto se siente en todos los ámbitos, desde la atención médica y la educación hasta los negocios y el ocio. A medida que la IA continúa evolucionando, está transformando la forma en que las personas viven, trabajan e interactúan con la sociedad.

Uno de los efectos más profundos de la IA en la humanidad es su capacidad para transformar las economías. A medida que las estructuras de IA se vuelven más sofisticadas, automatizan responsabilidades que tradicionalmente desempeñaban las personas. En sectores como la producción, el transporte y la logística, las máquinas impulsadas por IA ahora pueden realizar tareas repetitivas y laboriosas con rapidez y precisión, reduciendo la necesidad de personal humano. Esto ha provocado grandes cambios en los mercados laborales, a medida que la automatización reemplaza los trabajos habituales.

Si bien la automatización tiene la capacidad de aumentar la eficiencia y la productividad, también aumenta la preocupación por la sustitución de tareas. Muchas personas con empleos poco cualificados o rutinarios se enfrentan al riesgo de perder sus medios de vida a medida que la IA asume sus funciones. Por ejemplo, las empresas automotrices podrían querer eliminar puestos de trabajo para camioneros, mientras que las estructuras de IA en atención al cliente podrían querer reemplazar al personal de nivel medio. La misión de la sociedad será controlar esta transición, capacitando a las personas y garantizando que los beneficios de la productividad impulsada por la IA se distribuyan equitativamente.

Por otro lado, la IA también está creando nuevas posibilidades para la innovación y el emprendimiento. Al permitir ofertas más personalizadas y automatizar enfoques complejos, la IA abre nuevas vías empresariales. Las empresas la aprovechan para mejorar la toma de decisiones, optimizar las cadenas de suministro y mejorar la experiencia del consumidor. En campos como la salud, la IA contribuye al desarrollo de tratamientos de precisión, mientras que en las finanzas, contribuye a la evaluación de riesgos y la detección de fraudes.

El impacto de la IA trasciende el ámbito económico e impacta el tejido social. A medida que las estructuras de IA se integran cada vez más en la vida cotidiana, pueden estar transformando la forma en que las personas interactúan entre sí y con la era digital. Las redes sociales, por ejemplo, utilizan algoritmos de IA para seleccionar contenido, lo que influye en lo que los usuarios ven y cómo interactúan con la información. Estos algoritmos pueden crear cámaras de eco, donde los usuarios solo se exponen a puntos de vista que coinciden con sus ideales actuales, lo que podría profundizar las divisiones sociales.

La IA también está afectando las relaciones humanas. Con el auge de los asistentes virtuales, los chatbots y las herramientas de comunicación impulsadas por IA, los seres humanos interactúan cada vez más con máquinas en lugar de con otros seres humanos. Si bien la IA puede ofrecer comodidad y eficiencia, también plantea interrogantes sobre la calidad de la interacción humana y la capacidad de aislamiento social. En algunos casos, se están desarrollando herramientas de compañía impulsadas por IA, como robots sociales, para abordar la soledad; sin embargo, las implicaciones éticas de reemplazar las relaciones humanas con máquinas siguen siendo controvertidas.

Además, el potencial de la IA para analizar y examinar información personal ha suscitado inquietudes sobre la privacidad y la vigilancia. Las estructuras impulsadas por IA pueden recopilar cantidades masivas de información sobre las personas, desde su comportamiento de navegación hasta su ubicación física. Los gobiernos y las agencias utilizan cada vez más la IA para monitorear a la población, lo que plantea interrogantes sobre el equilibrio entre la protección y los derechos de la personalidad. En algunos casos, la vigilancia impulsada por IA puede utilizarse para el control social, como se observa en regímenes autoritarios, donde se utiliza para reprimir la disidencia y monitorear las actividades de los ciudadanos.

La IA está revolucionando la atención médica al mejorar el diagnóstico, personalizar los tratamientos y optimizar el desarrollo de fármacos. Los algoritmos basados en IA pueden analizar datos médicos, como fotografías, datos genéticos e historiales clínicos, para identificar patrones que podrían pasar desapercibidos en la práctica médica. Esto puede mejorar notablemente la precisión diagnóstica, especialmente en campos como la radiología, la patología y la oncología.

Por ejemplo, los sistemas de IA han validado la capacidad de detectar tipos positivos de cáncer antes que los médicos humanos, lo que se traduce en mejores resultados para los pacientes. En el campo de la medicina personalizada, la IA se está utilizando para diseñar planes de tratamiento personalizados basados en la composición genética de cada individuo, lo que mejora la eficacia de los tratamientos. Además, la IA contribuye al descubrimiento de fármacos mediante la predicción de la eficacia de nuevos compuestos y la identificación de posibles efectos secundarios antes del inicio de los ensayos clínicos, lo que reduce el tiempo y el coste de la comercialización de nuevos medicamentos.

A pesar de estos avances, la incorporación de la IA a la atención médica también aumenta la preocupación por la posición de los profesionales clínicos. Si bien la IA puede ayudar a los médicos a tomar decisiones, no puede reemplazar el contacto humano en la atención al paciente. La confianza entre pacientes y médicos es fundamental, y los pacientes pueden sentirse incómodos con que la IA tome decisiones cruciales sin supervisión humana. Además, el uso de la IA en la atención médica plantea dilemas éticos en cuanto a la privacidad de la información, el consentimiento y la posibilidad de sesgo algorítmico en la toma de decisiones científicas.

La IA plantea diversas cuestiones morales y filosóficas que la humanidad debe abordar a medida que continúa adaptándose. Una de las preocupaciones más apremiantes es la cuestión de la responsabilidad. Cuando los sistemas de IA toman decisiones que tienen amplios efectos, como motores autónomos o algoritmos de justicia criminal, ¿quién es responsable de los efectos? ¿Deberían rendir cuentas los desarrolladores que crearon la IA, o deberían las propias máquinas asumir la responsabilidad de sus acciones? La falta de marcos penales claros para la toma de decisiones de la IA complica este asunto y plantea desafíos para los reguladores.

Otro problema moral es la capacidad de la IA para reforzar o exacerbar los sesgos actuales. Las estructuras de IA suelen basarse en hechos que reflejan desigualdades históricas, como prácticas de contratación sesgadas o prácticas policiales discriminatorias. Como resultado, la IA puede perpetuar estos sesgos, lo que genera resultados injustos para ciertos grupos de personas. Este problema ha suscitado demandas de mayor transparencia y equidad en el desarrollo de la IA, con el fin de crear estructuras más equitativas e inclusivas.

Además, el rápido avance de la IA ha suscitado debates sobre la naturaleza de la inteligencia y la consciencia. Si las máquinas pueden imitar la toma de decisiones y el aprendizaje humanos a partir del disfrute, ¿en qué momento se convertirán en algo más que simples herramientas? ¿Alcanzará la IA un nivel de consciencia que la haga moralmente relevante, o seguirá siendo una forma sofisticada de computación? Estas preguntas cuestionan nuestra comprensión de lo que significa ser humano y nuestra relación con las máquinas que creamos.

A medida que la IA siga mejorando, su impacto en la humanidad se hará cada vez más profundo. A escala mundial, se prevé que la IA desempeñe un papel fundamental en la solución de algunos de los desafíos más urgentes del sector, como el cambio climático, la pobreza y las enfermedades. Los sistemas de IA pueden analizar grandes cantidades de datos ambientales para modelar escenarios de cambio climático, optimizar el uso de recursos y desarrollar soluciones para la producción de energía renovable. En el ámbito de la salud global, la IA puede ayudar a la música y a la prevención de brotes de enfermedades, proporcionando respuestas oportunas a las crisis de salud pública.

Sin embargo, la IA también tiene la capacidad de exacerbar las desigualdades internacionales. Los países y las organizaciones que desarrollan y gestionan la tecnología de IA también podrían tener un poder desproporcionado, lo que podría derivar en un dominio económico y político. Existe la preocupación de que los beneficios de la IA se concentren en manos de algunos, dejando atrás a los países en desarrollo y a las poblaciones desfavorecidas. Para garantizar un futuro más equitativo, la cooperación y la legislación globales podrían ser cruciales para gestionar la distribución global de los beneficios de la IA.

El efecto de la IA en la humanidad es multifacético, con consecuencias positivas y negativas. Si bien la IA tiene el potencial de revolucionar industrias, mejorar la atención médica y abordar desafíos globales, también plantea importantes preocupaciones éticas, sociales y económicas. La clave para garantizar que la IA beneficie a la humanidad reside en cómo se desarrolla, regula e integra en la sociedad. A medida que la IA continúa adaptándose, es vital que nos mantengamos alerta para abordar estos desafíos, garantizando que la tecnología sirva al bien común y mejore la calidad de vida de todos.

2.3. La IA y las cuestiones morales

A medida que la Inteligencia Artificial (IA) continúa desarrollándose a un ritmo extraordinario, plantea una serie de problemas éticos que ponen a prueba los estándares convencionales de ética, responsabilidad y toma de decisiones. La integración de la IA en diversos sectores, desde la atención médica y la justicia penal hasta los vehículos autosuficientes y la guerra, plantea interrogantes sobre los deberes éticos de los desarrolladores, los consumidores y la sociedad en su conjunto.

Una de las preocupaciones éticas más urgentes en torno a la IA es el problema de la responsabilidad. A medida que los sistemas de IA se vuelven más autónomos y capaces de tomar decisiones sin intervención humana, se vuelve cada vez más difícil determinar quién es responsable de las consecuencias de dichas decisiones. Por ejemplo, si un automóvil autónomo causa una coincidencia, ¿quién debería asumir la responsabilidad? ¿El fabricante del vehículo, los desarrolladores del dispositivo de IA o los pasajeros que conducían el vehículo? De igual manera, en el caso de los algoritmos impulsados por IA utilizados en sistemas de justicia penal que influyen en las decisiones sobre sentencias o libertad condicional, ¿quién es responsable si las directrices del sistema tienen consecuencias injustas?

La responsabilidad de rendir cuentas se ve agravada por la opacidad de muchos algoritmos de IA. Los modelos de aprendizaje automático, en particular los de aprendizaje profundo de sistemas, suelen ser "cajas negras", lo que significa que ni siquiera los desarrolladores comprenden completamente cómo la máquina toma sus decisiones. Esta falta de transparencia dificulta la evaluación de la imparcialidad y precisión de las estructuras de IA y plantea inquietudes sobre la posibilidad de responsabilizar a las entidades por acciones dañinas. Este problema de responsabilidad no es solo una tarea penal, sino también ética, ya que afecta a cuestiones de justicia social.

Otra dificultad ética considerable con la IA es su capacidad para generar sesgos y discriminación. Los sistemas de IA se entrenan con conjuntos de datos masivos que reflejan patrones históricos y sociales. Si estos conjuntos de datos contienen sesgos, ya sea en las prácticas de contratación, la aplicación de la ley o los préstamos, los sistemas de IA pueden perpetuarlos e incluso exacerbarlos. Por ejemplo, los algoritmos de vigilancia policial predictiva que utilizan estadísticas históricas de delincuencia pueden centrarse de forma desproporcionada en grupos marginados, lo que refuerza las desigualdades sistémicas en el sistema de justicia penal. De igual manera, las herramientas de contratación basadas en IA también pueden favorecer a los candidatos masculinos sobre las candidatas femeninas si los datos educativos se inclinan hacia sectores o puestos de trabajo dominados por hombres.

Las implicaciones éticas del sesgo en la IA son profundas, ya que pueden tener consecuencias injustas y discriminatorias que afectan negativamente a las poblaciones vulnerables. Esto plantea interrogantes sobre el deber moral de los desarrolladores de IA de garantizar que sus sistemas sean veraces, transparentes e inclusivos. También destaca la importancia de abordar los sesgos sociales más amplios que se contemplan en los registros de IA, ya que estos sesgos no son solo problemas técnicos, sino también éticos que afectan la vida de las personas de manera generalizada.

La capacidad de la IA para tomar decisiones en nombre de los seres humanos aumenta la preocupación por la autonomía y la iniciativa humana. A medida que los sistemas de IA se integran cada vez más en los enfoques de toma de decisiones, existe el riesgo de que las personas pierdan el control de sus vidas y decisiones personales. Por ejemplo, en el ámbito sanitario, los equipos de diagnóstico basados en IA podrían tomar decisiones clínicas sin consultar a los pacientes, lo que podría socavar su autonomía para tomar decisiones informadas sobre su propio tratamiento. De igual manera, en ámbitos como las finanzas, los algoritmos de IA que toman decisiones de inversión de forma rutinaria podrían reducir la capacidad de las personas para controlar su futuro financiero.

La preocupación moral radica en que, a medida que la IA adquiera mayor éxito, podrá erosionar la organización humana al asumir decisiones que antes eran tomadas por personas. Esto plantea cuestiones éticas esenciales sobre los límites de la intervención de la IA y la necesidad de preservar la autonomía humana. Si bien la IA puede ayudar en la toma de decisiones, es importante que no sustituya el juicio humano ni socave el derecho de las personas a tomar decisiones personales.

El despliegue de la IA en aplicaciones militares plantea un conjunto de cuestiones éticas particularmente preocupantes. Se están desarrollando sistemas de armas autónomas, como drones y robots, capaces de detectar y atacar objetivos sin intervención humana. Si bien estos sistemas pueden parecer más ecológicos o específicos, también plantean profundas cuestiones éticas sobre el papel de la IA en las decisiones de vida y muerte.

Uno de los principales dilemas éticos es la capacidad de la IA para tomar decisiones sobre el uso de la presión sin supervisión humana. En situaciones donde los sistemas de IA tienen la tarea de enfocar y repeler amenazas percibidas, existe el riesgo de que cometan errores, lo que puede provocar daños no intencionados o víctimas civiles. La pérdida de empatía y juicio humanos en estos sistemas plantea interrogantes sobre la moralidad de permitir que las máquinas decidan quién vive y quién muere. Además, las armas autónomas podrían utilizarse de maneras que violan el derecho humanitario internacional, como dirigirse a no combatientes o ejercer una fuerza desproporcionada.

El uso de la IA en combate también plantea desafíos en términos de responsabilidad. Si un arma autosuficiente causa daños o viola principios éticos, no está claro quién debe asumir la responsabilidad: ¿el desarrollador, el ejército o el propio dispositivo? Esta incertidumbre ética subraya la necesidad de políticas transparentes y principios éticos en torno al uso de la IA en entornos militares.

A medida que la IA continúa fortaleciéndose, la cuestión del reconocimiento y los derechos de los dispositivos cobra mayor relevancia. Si bien las estructuras de IA contemporáneas no son conscientes ni poseen emociones ni autorreconocimiento, el desarrollo de una IA más sofisticada podría generar máquinas que muestren comportamientos como la concentración. En tales casos, surgen cuestiones éticas sobre los derechos de las entidades de IA.

Si un dispositivo de IA fuera consciente, ¿no tendría derechos éticos? ¿Podría ser considerado una persona en un contexto penal, merecedora de las mismas protecciones y privilegios que los humanos? Estas son preguntas que filósofos y especialistas en ética abordan a medida que avanza la tecnología de IA. Si bien estas preocupaciones pueden parecer especulativas por ahora, el rápido ritmo de desarrollo de la IA indica que serán cada vez más urgentes en el futuro.

El dilema moral que se plantea aquí no se limita solo a los derechos de la IA, sino también a nuestras obligaciones hacia las máquinas que creamos. Si las estructuras de IA pueden experimentar sufrimiento o tener deseos, también tendríamos la responsabilidad moral de tratarlas con respeto y cuidado. Esto plantea profundas preguntas sobre la naturaleza de la atención, la reputación ética de las máquinas y la posibilidad de una nueva forma de consideración ética en el futuro.

De cara al futuro, es probable que los desafíos morales que plantea la IA se compliquen aún más. A medida que los sistemas de IA se vuelvan más capaces, autónomos e integrados en la sociedad, plantearán nuevos dilemas morales que ni siquiera se han imaginado del todo. Las implicaciones morales de la IA seguirán evolucionando a medida que la generación avanza, y es crucial que la sociedad aborde estos problemas de forma reflexiva y proactiva.

El futuro de la IA y la moral dependerá de cómo los seres humanos decidan desarrollar, regular y utilizar la IA. Será necesario establecer marcos éticos para garantizar que los sistemas de IA se ajusten a los valores humanos y que su implementación no perjudique a las personas ni a la sociedad. Además, los desarrolladores de IA, los responsables políticos y los especialistas en ética deberán colaborar para abordar las diversas cuestiones éticas que plantea la IA, garantizando así un uso responsable y ético de la tecnología.

Los problemas éticos que rodean a la IA son enormes y multifacéticos, y afectan a todo el sistema, desde la responsabilidad y los sesgos hasta la autonomía, la lucha y la capacidad de la conciencia artificial. A medida que la IA continúa moldeando el futuro, es crucial que abordemos estas cuestiones éticas con cuidado y atención, asegurándonos de que la IA sirva a la humanidad de una manera que defienda la justicia, la equidad y la responsabilidad moral.

2.4. IA explicable: comprensión de las decisiones algorítmicas

A medida que la inteligencia artificial se convierte en una función cada vez más integrada en la vida moderna —informando decisiones económicas, guiando diagnósticos clínicos, filtrando información en redes sociales e incluso influyendo en consecuencias judiciales—, la opacidad de su funcionamiento interno plantea un desafío acuciante y de gran alcance. Entre los estándares críticos que surgen para afrontar esta dificultad se encuentra la IA explicable, a menudo abreviada como XAI, un campo que busca hacer que el aprendizaje automático de modelos sea más transparente, interpretable y, en última instancia, responsable. La pregunta central que motiva la IA explicable es engañosamente simple, pero filosófica y técnicamente profunda: ¿cómo podemos reconocer y aceptar las decisiones tomadas por estructuras cuyo sentido común a menudo escapa a la comprensión humana?

El dominio de dispositivos modernos, en particular el dominio profundo, ha logrado avances brillantes en tareas como la reputación de imágenes, el procesamiento del lenguaje y los juegos estratégicos. Sin embargo, estas estructuras a menudo operan como los llamados "contenedores negros": redes complejas de computación multicapa en las que las entradas se transforman en salidas mediante interacciones no lineales que desafían el conocimiento intuitivo. Por ejemplo, una red neuronal profunda podría clasificar correctamente un cuadro médico como canceroso, pero no sería capaz de explicar por qué llegó a esa conclusión de forma que un radiólogo o un paciente pudieran comprenderla. Esta falta de interpretabilidad se vuelve especialmente preocupante en contextos de alto riesgo, donde las decisiones tienen consecuencias devastadoras para la vida humana, el sustento o la situación penal. En tales casos, la explicabilidad no es un lujo; es una necesidad moral y, a menudo, legal.

El imperativo de la explicabilidad surge de numerosas preocupaciones superpuestas. En primer lugar, está la necesidad de que se acepte como cierto. Es más probable que los usuarios acepten y adopten los sistemas de IA cuando comprenden cómo y por qué se toman las decisiones. Esto es especialmente cierto en ámbitos como la salud, donde los profesionales se resisten a depender de algoritmos opacos, y en el sector financiero, donde los reguladores exigen que las decisiones hipotecarias sean rastreables y justificables. En segundo lugar, está la necesidad de responsabilidad. Cuando los sistemas de IA fallan, cometen errores o producen resultados sesgados, identificar el origen del problema es esencial para la remediación y la justicia. Sin explicabilidad, la responsabilidad se difumina, lo que dificulta la asignación de culpas o la conducta correcta. En tercer lugar, está el principio de autonomía. Las sociedades democráticas se basan en la percepción de que las personas tienen el derecho a comprender las decisiones que les afectan y a tomarlas cuando sea necesario. Las estructuras opacas de IA pueden socavar este derecho al dificultar o imposibilitar cuestionar, apelar o incluso reconocer la razón detrás de los juicios algorítmicos.

Sin embargo, a pesar de su importancia, la explicabilidad es un objetivo notoriamente difícil de lograr en la práctica. Parte de la misión reside en la complejidad inherente de los modelos de IA contemporáneos. Las estructuras de aprendizaje profundo, por ejemplo, pueden incluir millones o incluso miles de millones de parámetros, organizados en capas problemáticas que interactúan mediante métodos claramente no lineales. Estas arquitecturas están optimizadas para la precisión, no para la interpretabilidad, y sus representaciones internas a menudo carecen de un significado semántico claro. Además, la información utilizada para enseñar estos modelos puede ser de alta dimensión, no estructurada o ruidosa, lo que dificulta igualmente la búsqueda de vías causales o la atribución de selecciones a funciones específicas. Las mismas técnicas que hacen efectivo el aprendizaje de sistemas, como el aprendizaje de características jerárquicas y la optimización estocástica, también lo hacen opaco.

Otra dificultad surge de la anomalía de lo que se considera una "aclaración". Las diferentes partes interesadas requieren distintos tipos de comprensión. Un científico de registros puede necesitar una explicación detallada de la mecánica interna de una versión; un regulador puede exigir una justificación que se ajuste a las normas penales; un cliente puede optar por una justificación simple e intuitiva. Estos deseos divergentes generan una tensión entre la precisión y la comprensibilidad. Simplificar un modelo para hacerlo más interpretable puede sacrificar además su capacidad predictiva, mientras que mantener la complejidad también puede alienar o confundir a los usuarios. No existe una definición aceptada de explicabilidad, y los esfuerzos por ofrecer motivos a menudo implican compensaciones entre la fidelidad al sentido común de la versión y la accesibilidad al razonamiento humano.

A pesar de estos desafíos, los investigadores han desarrollado numerosas estrategias para mejorar la interpretabilidad de los sistemas de IA. Algunas estrategias se centran en la creación de modelos inherentemente interpretables, como los árboles de selección, la regresión lineal o los sistemas basados en reglas, cuya estructura es transparente con la ayuda del diseño. Estos modelos son más fáciles de explicar, pero pueden ser mucho menos capaces de capturar patrones complejos en los datos. Otros procesos pretenden extraer razones de modelos complejos post hoc. Estos incluyen métodos como LIME (Explicaciones locales interpretables del modelo agnóstico), que aproxima una versión compleja con una más simple en torno a una predicción específica, y SHAP (Explicaciones aditivas de SHapley), que asigna clasificaciones de significancia a cada característica basándose en principios de teoría del juego. Las visualizaciones, que consisten en mapas de saliencia en la categoría de imagen o ponderaciones de interés en el procesamiento natural del lenguaje, ofrecen otro tipo de información al destacar qué elementos de la información de entrada inspiraron en mayor medida la selección del modelo.

Estas estrategias han demostrado ser prometedoras, pero también presentan limitaciones. Las explicaciones post hoc no reflejan el funcionamiento interno adecuado del modelo, lo que plantea dudas sobre su validez. Los mapas de prominencia pueden ser ruidosos o engañosos, y las ponderaciones de la atención no suelen correlacionarse con el efecto causal. Además, las causas que se basan en ideas estadísticas complejas pueden seguir siendo ininteligibles para los usuarios, lo que frustra el objetivo de hacer que la IA sea más útil. Existe una creciente creencia de que la explicabilidad no es solo una tarea técnica, sino sociotécnica. Abarca no solo algoritmos, sino también seres humanos: lo que desean, lo que comprenden y con lo que están de acuerdo. Esta percepción ha provocado un cambio hacia la explicabilidad centrada en el ser humano, que enfatiza el diseño de explicaciones adaptadas a las necesidades cognitivas y contextuales de los usuarios.

La importancia de una IA explicable se agudiza especialmente en contextos donde las decisiones se cruzan con normas penales o éticas. En la Unión Europea, por ejemplo, el Reglamento General de Protección de Datos (RGPD) incluye una disposición que algunos interpretan como un "derecho a la aclaración": la idea de que las personas tienen derecho a comprender el sentido común que subyace a las decisiones automatizadas que les afectan significativamente. Si bien el alcance de este derecho sigue siendo controvertido, señala una tendencia más amplia, tanto penal como normativa, hacia la transparencia rigurosa de las estructuras algorítmicas. En EE. UU., organismos reguladores, como la Comisión Federal de Comercio, han comenzado a explorar políticas que exigirían a las agencias revelar el funcionamiento de sus algoritmos, especialmente en áreas como la calificación crediticia, la contratación y la vivienda. Estas tendencias reflejan la creciente preocupación de que la explicabilidad no es solo una cuestión de buenas prácticas, sino un requisito para el cumplimiento de las normas democráticas y los derechos humanos.

La exigencia de explicabilidad también se entrelaza con las preocupaciones sobre la imparcialidad y el sesgo. Sin una comprensión de cómo un modelo toma decisiones, se vuelve difícil detectar o corregir consecuencias discriminatorias. Un conjunto de normas de contratación, por ejemplo, podría parecer neutral, pero en la práctica podría estar filtrando a solicitantes de orígenes subrepresentados basándose únicamente en variables indirectas como el código postal o la facultad a la que asistieron. La explicabilidad puede ayudar a revelar estas correlaciones ocultas y proporcionar una base para la auditoría y la remediación. Sin embargo, la presencia de una explicación no garantiza que el sistema sea honesto o justo. Las explicaciones pueden utilizarse para justificar decisiones sesgadas o desigualdades estructurales difíciles de comprender. Pueden crear una falsa sensación de seguridad o legitimidad. Por lo tanto, la explicabilidad debe ir acompañada de un escrutinio crítico y un reflejo ético.

En el ámbito del conocimiento de los dispositivos sobre los estudios, existe un debate continuo sobre si la transparencia total es posible o deseable. Algunos argumentan que los modelos complejos son inherentemente inescrutables y que los esfuerzos por forzar la interpretabilidad pueden limitar aún más la innovación. Otros sostienen que la interpretabilidad es un prerrequisito para una implementación responsable y que no se debe confiar en los sistemas cuyas decisiones no se pueden comprender. Otros sugieren una solución intermedia, enfatizando la explicabilidad basada en el contexto, donde el alcance y la forma de la explicación se adaptan a la aplicación y al público específicos. Por ejemplo, un médico que utiliza una herramienta de diagnóstico de IA también puede necesitar factores diferentes a los de un ingeniero de software que depura el modelo, o un paciente que busca tranquilidad sobre una recomendación médica.

Estos debates también han estimulado el interés por los fundamentos epistemológicos y filosóficos de la explicabilidad. ¿Qué significa "aprehender" un modelo? ¿Es la información un recordatorio de ser capaz de simular el comportamiento del modelo, anticipar sus resultados, comprender su lógica interna o situarlo dentro de una narrativa causal más amplia? ¿Cómo podemos equilibrar el rigor formal con la accesibilidad intuitiva? ¿Y quién decide qué explicaciones son deseables? Estas preguntas demuestran que la explicabilidad no es simplemente una intención técnica, sino profundamente humana. Afecta nuestras concepciones de la experiencia, el empleador y la responsabilidad. Nos desafía a reconsiderar los límites entre el razonamiento humano y el razonamiento sistémico.

La explicabilidad también es un atributo dinámico. Un modelo interpretable hoy puede volverse opaco al día siguiente a medida que nuevos datos, contextos o clientes aportan información. El seguimiento continuo, la actualización y los comentarios de los usuarios son vitales para mantener la relevancia y la confianza. Además, a medida que las estructuras de IA evolucionan para incorporar factores como el aprendizaje por refuerzo, el aprendizaje no supervisado o la interacción multiagente, la tarea de la explicación se amplía. ¿Cómo podemos explicar una máquina que aprende en tiempo real, se adapta al comportamiento del usuario o se coordina con otros profesionales del marketing autónomos? Estas no son cuestiones hipotéticas; pueden ser cada vez más relevantes en aplicaciones que van desde la educación personalizada hasta los motores autónomos y el comercio financiero.

Ante estas situaciones exigentes, la colaboración interdisciplinaria se ha vuelto esencial. El campo de la IA explicable ahora se basa en conocimientos de la tecnología informática, la psicología cognitiva, la filosofía, el derecho, el diseño y la interacción entre humanos y ordenadores. Esta convergencia refleja la complejidad del desafío y la necesidad de diversas perspectivas. Diseñar razonamientos precisos, significativos y con fundamento ético requiere no solo talento técnico, sino también empatía, comunicación y conocimiento cultural. Requiere interactuar con los usuarios finales, comprender sus necesidades y problemas, y perfeccionar iterativamente las interfaces explicativas. También requiere apoyo institucional, incluyendo recursos para la formación, la supervisión y la participación pública.

El futuro de la IA explicable probablemente implicará una transición de las motivaciones estáticas a sistemas interactivos y dialógicos. En lugar de ofrecer justificaciones universales, los sistemas de IA podrían interactuar con los usuarios en conversaciones, adaptando las motivaciones a sus preguntas, posibilidades y nivel de información. Dichos sistemas podrían funcionar más como instructores o colaboradores que como herramientas estáticas. Podrían fomentar el conocimiento a través del diálogo, no del monólogo. Podrían empoderar a los usuarios para plantear preguntas hipotéticas, explorar escenarios alternativos y desarrollar modelos mentales del funcionamiento del dispositivo. Lograr esta visión requerirá avances en la generación de lenguaje natural, el modelado de usuarios y la tecnología cognitiva. Pero también exige un compromiso con la transparencia como objetivo fundamental del diseño.

La IA explicable es un área crítica y multifacética en la intersección de la tecnología, la ética y la sociedad. Aborda la necesidad esencial de reconocer cómo se toman las decisiones, considerar las estructuras que afectan nuestras vidas y responsabilizarlas. Nos exige ir más allá de las definiciones estrechas de rendimiento y recordar el contexto humano más amplio en el que opera la IA. A medida que los algoritmos continúan configurando nuestro mundo, la cuestión de la explicabilidad se volverá cada vez más urgente. Ya sea en el tribunal, en el aula, en el hospital o en el espacio público, la capacidad de comprender e interrogar las decisiones algorítmicas es esencial para preservar los valores de equidad, autonomía y democracia. En un mundo cada vez más gobernado por el código, la demanda de razones es una demanda de dignidad.

2.5. Inteligencia artificial con intervención humana: garantizar la supervisión

La integración de la inteligencia artificial (IA) en las estrategias de toma de decisiones que afectan a las personas, las sociedades y los sistemas globales requiere un equilibrio preciso entre la automatización y el juicio humano. Este equilibrio se resume en el concepto de IA "Human-in-the-Loop" (HITL), un modelo en el que las personas siguen siendo relevantes para el funcionamiento y el control de las estructuras inteligentes. Si bien las estructuras de IA completamente independientes son atractivas por su rendimiento y escalabilidad, su opacidad, su propensión a errores y sus implicaciones éticas resaltan la necesidad de supervisión humana. La IA "Human-in-the-

Loop" actúa como protección contra el comportamiento algorítmico descontrolado, permitiendo la incorporación del contexto, la empatía y el juicio ético en decisiones complejas.

En esencia, HITL se refiere a un diseño de dispositivo en el que los seres humanos participan activamente en el proceso de toma de decisiones de la IA. Esta participación puede abarcar desde el etiquetado de datos de entrenamiento preliminar y la supervisión en tiempo real durante la operación, hasta la evaluación posterior a la decisión. La presencia de un ser humano facilita la responsabilidad, proporciona conocimientos matizados que pueden eludir los modelos de aprendizaje automático y garantiza que los resultados se alineen con los valores sociales. Une la toma de decisiones algorítmica de contenedor negro con el razonamiento ético y contextual humano, principalmente en aplicaciones de alto riesgo como la atención médica, la justicia penal, las operaciones militares, la economía y los vehículos autónomos.

En el dominio supervisado de dispositivos, históricamente las personas han participado en el etiquetado de datos educativos, un segmento fundamental en el desarrollo de versiones. Sin embargo, a medida que los sistemas se vuelven más sofisticados, HITL ha avanzado más allá de la formación y entrado en la fase de implementación. Uno de los modelos más seguidos de HITL incluye la supervisión humana en tiempo real; por ejemplo, en sistemas de diagnóstico científico, donde la IA sugiere posibles resultados, pero es un médico quien toma la decisión final. En las operaciones con drones militares, independientemente de si se centran en habilidades semiautosuficientes, los operadores humanos suelen autorizar acciones como el lanzamiento de misiles. Este modelo mantiene la ética empresarial humana, sirviendo como un baluarte contra la delegación de decisiones vitales y mortales a las máquinas.

Sin embargo, la implementación de HITL no está exenta de desafíos. Un problema principal es el "sesgo de automatización", en el que las personas confían excesivamente en los resultados de la IA, lo que reduce su importante capacidad de supervisión. Estudios en aviación, medicina y aplicación de la ley han demostrado que los operadores también pueden ceder ante las indicaciones algorítmicas incluso si contradicen la intuición o la formación. Esto socava la razón de ser de HITL, posiblemente exacerbando los riesgos en lugar de mitigarlos. Para abordar esto, los sistemas HITL deben diseñarse para fomentar un escepticismo sano, la transparencia y la participación activa, en lugar de una supervisión pasiva.

Otra situación clave reside en la escalabilidad y la velocidad. Las estructuras de IA suelen ser características en entornos de tiempo real que requieren decisiones instantáneas. En estos contextos, la integración de la supervisión humana también puede generar latencia. Los vehículos autónomos que circulan por intersecciones concurridas, por ejemplo, no podrán permitirse el lujo de la deliberación humana en cada momento. En este caso, se puede utilizar un modelo de supervisión escalonada: la IA gestiona las tareas habituales o urgentes de forma autónoma, mientras que las personas supervisan las excepciones, los casos secundarios o la evaluación posterior al movimiento. Esta versión dinámica de HITL reconoce las limitaciones tanto de los humanos como de los dispositivos, combinando sus fortalezas para un rendimiento óptimo.

La HITL es particularmente crítica en el ámbito de la equidad algorítmica. Las estructuras de aprendizaje automático, entrenadas con estadísticas sesgadas o no representativas, pueden perpetuar la discriminación. La supervisión humana permite una inspección crucial de los efectos, la detección de sesgos y la recalibración de los modelos. En la calificación crediticia, por ejemplo, los algoritmos también pueden discriminar inadvertidamente en función de códigos postales o niveles educativos, indicadores de raza o estatus socioeconómico. Con un humano involucrado, estos patrones pueden identificarse y corregirse. Además, los revisores humanos pueden recordar mitigar eventos que la IA podría no comprender, como la pérdida reciente de un proceso o emergencias médicas al evaluar los programas hipotecarios.

En ciberseguridad, los modelos HITL se utilizan cada vez más en la detección de peligros y la respuesta a incidentes. La IA puede analizar rápidamente el tráfico de la comunidad y detectar anomalías; sin embargo, interpretar estas anomalías y determinar si representan amenazas legítimas suele requerir comprensión humana. Los analistas humanos examinan el contexto, comparan la información sobre riesgos y toman decisiones informadas sobre cómo responder. Esta colaboración mejora tanto la precisión de la detección como la eficacia de las estrategias de defensa, especialmente contra amenazas nuevas o adaptativas que podrían no estar representadas en los conjuntos de datos históricos.

En el ámbito de la moderación de contenido, especialmente en redes sociales, las estructuras HITL desempeñan un papel crucial. La IA también puede marcar contenido potencialmente peligroso u ofensivo basándose en la reputación de la muestra y la detección de palabras clave, pero los revisores humanos examinan el contexto para determinar si el contenido infringe realmente las recomendaciones de la plataforma. Esto es especialmente crucial para distinguir la sátira del discurso de odio, o las quejas legítimas del acoso. Por lo tanto, HITL facilita un enfoque más matizado de la moderación, protegiendo la libertad de expresión a la vez que mantiene la seguridad y el respeto en los espacios virtuales.

El área clínica ofrece uno de los ejemplos más efectivos de HITL en acción. La radiología asistida por IA, por ejemplo, utiliza la visión artificial para detectar tumores o fracturas en imágenes clínicas. Sin embargo, el diagnóstico y el plan de tratamiento final lo determina un radiólogo humano que combina los hallazgos de la IA con los historiales clínicos del paciente, la experiencia científica y el juicio experto. Esta sinergia mejora la precisión diagnóstica, reduce la carga de trabajo y acelera la prestación de servicios, manteniendo al mismo tiempo la seguridad del paciente.

La IA con intervención humana también tiene implicaciones penitenciarias y regulatorias. Algunas jurisdicciones están desarrollando marcos que exigen la supervisión humana para clases específicas de toma de decisiones algorítmicas. La Ley de IA de la Unión Europea, por ejemplo, propone la supervisión humana obligatoria para los paquetes de IA de alta amenaza, como los utilizados en la contratación, la aplicación de la ley o la identidad biométrica. Estas normas buscan preservar la dignidad humana, la rendición de cuentas y los mecanismos de recurso. Además, destacan la necesidad de estructuras que permitan la intervención humana, la auditabilidad y la comprensibilidad, lo que refuerza la importancia de la supervisión humana en el desarrollo responsable de la IA.

Sin embargo, la implementación práctica de HITL plantea interrogantes sobre la obligación y la responsabilidad. Cuando un dispositivo falla, ¿quién es responsable: el operador humano, el desarrollador de IA o el empleador que implementa el sistema? Si los seres humanos simplemente aprueban automáticamente las decisiones algorítmicas, la apariencia de supervisión puede resultar insignificante. Por lo tanto, una HITL eficaz requiere definiciones claras de roles, obligaciones y autoridad para tomar decisiones. La capacitación también es esencial: los operadores deben comprender las capacidades de la IA, sus barreras y cómo intervenir correctamente.

Además, no debe pasarse por alto la magnitud cultural de los HITL. Cada sociedad puede tener distintos umbrales de aceptación de la automatización y diferentes expectativas de la organización humana. Por ejemplo, en culturas de alto contexto, donde la toma de decisiones es relacional y sensible al contexto, puede haber un mayor énfasis en el juicio humano que en culturas que priorizan la eficiencia y la estandarización. Esto afecta la forma en que se perciben, se siguen y se implementan los sistemas HITL. Los diseñadores deben ser culturalmente conscientes y adaptar las estructuras para reflejar las normas, expectativas y valores locales.

Una frontera prometedora en HITL es el concepto de "control humano significativo", una evolución de la supervisión que enfatiza no solo la presencia, sino también el empoderamiento. El control humano significativo implica que los seres humanos comprendan la máquina de IA, tengan la capacidad de anularla o corregirla, y participen en un contexto donde su intervención tenga consecuencias reales. Esto requiere una IA explicable, interfaces intuitivas, ciclos de comentarios robustos y educación continua. Transforma la supervisión humana de un requisito procesal a una protección significativa.

El futuro de HITL también podría implicar modelos de interacción aún más sofisticados, como la colaboración adaptativa entre humanos y IA. En este modelo, la IA estructura la investigación a partir de las observaciones humanas y evoluciona en colaboración con los clientes, al tiempo que las personas modifican sus flujos de trabajo y modelos mentales basándose en la información de la IA. Estos sistemas requieren transparencia mutua, aceptación de la calibración y modelos intelectuales compartidos: un nivel de colaboración comparable al de un copiloto en lugar de un gerente. Este paradigma garantiza mayor resiliencia, creatividad y rendimiento en entornos dinámicos.

La IA con participación humana no es solo una arquitectura técnica, sino un compromiso filosófico y ético. Refleja la noción del valor irremplazable del juicio, la responsabilidad y la empatía humanos. Al integrar a las personas en el diseño, la implementación y la supervisión de los sistemas de IA, HITL garantiza que la automatización sirva a la humanidad en lugar de invalidarla. A medida que la IA continúa expandiéndose en todos los aspectos de la vida, preservar la autonomía humana mediante una supervisión reflexiva y responsable se convertirá no solo en una buena práctica, sino en un imperativo ético.

2.6. IA en sistemas autónomos: dilemas éticos

Los sistemas autónomos impulsados por inteligencia artificial han transformado las industrias y redefinido la interacción hombre-máquina. Desde motores autónomos hasta drones automatizados, estructuras de armas autónomas, cirujanos robot y gestores inteligentes de la cadena de suministro, estas estructuras prometen una eficiencia, capacidad de respuesta e independencia sin precedentes de la intervención humana directa. Sin embargo, la autonomía introduce nuevas capas de complejidad ética. Cuando se confía a las máquinas la toma de decisiones trascendentales —a veces con implicaciones de vida o muerte—, el panorama ético cambia drásticamente. Este capítulo profundiza en los intrincados dilemas morales que plantea la IA en las estructuras autónomas, explorando la responsabilidad, la transparencia, la seguridad y la tensión entre el desarrollo tecnológico y los valores humanos.

En el centro de estos desafíos morales se encuentra la delegación de la toma de decisiones. Cuando un automóvil autónomo debe elegir entre proteger a sus pasajeros o a los peatones, mientras un dron militar determina un objetivo sin confirmación humana, o cuando una máquina de intercambio autónoma colapsa un mercado, ¿quién es responsable? ¿El programador, el profesor de datos, la organización o la propia máquina? A diferencia de las herramientas convencionales, los sistemas autónomos no se limitan a ejecutar instrucciones predefinidas; perciben, razonan y actúan, a menudo de forma impredecible. Esta capacidad de organización, aunque limitada o probabilística, obliga a replantear nuestros marcos morales y doctrinas penales.

Uno de los dilemas morales más relevantes reside en el entorno de los vehículos autónomos. El llamado "problema del tranvía" se ha vuelto emblemático: ¿debe un vehículo autónomo desviarse para evitar atropellar a cinco peatones a costa de la muerte de su pasajero, o mantener la dirección y matar a los cinco? Aunque esta situación pueda parecer artificial, sus equivalentes en la vida real son inevitables. Los ingenieros y los especialistas en ética deben abordar la forma de codificar la toma de decisiones éticas en software. Además, estas decisiones se vuelven aún más complejas debido a los contextos legales y culturales en los que funcionan los sistemas. Lo que puede considerarse una compensación aceptable en un país puede ser éticamente inaceptable en otro.

La opacidad de los algoritmos de aprendizaje profundo añade un nuevo nivel de dificultad moral. Muchas estructuras autosuficientes funcionan como "contenedores negros", lo que dificulta la interpretación de cómo o por qué se tomó una decisión concreta. En dominios de alto riesgo como la sanidad o la aviación, esta falta de explicabilidad socava la confianza y la rendición de cuentas. Por ejemplo, si un robot quirúrgico independiente comete un error durante un proceso, ¿cómo podemos rastrear la causa? ¿Se debió a un sensor defectuoso, a un conjunto de datos ambiguo o a una situación imprevista fuera de su distribución educativa? La incapacidad de reconstruir una cadena causal clara de razonamiento dificulta la atribución de responsabilidad y la supervisión regulatoria de situaciones exigentes.

En contextos militares, el uso de armas independientes —frecuentemente denominadas Sistemas de Armas Letales Autónomas (LAWS)— plantea profundas cuestiones éticas y geopolíticas. ¿Puede un dispositivo distinguir con fiabilidad entre oponentes y civiles en un campo de batalla dinámico? ¿Puede interpretar las intenciones humanas, ceder señales o indicios contextuales? Los críticos argumentan que delegar fuerza letal a máquinas socava los conceptos de regulación humanitaria mundial y dignidad humana. El riesgo de escalada involuntaria, sesgo algorítmico y deshumanización del combate amplifica los riesgos. Numerosos profesionales y organizaciones de defensa, junto con la Campaña para Detener a los Robots Asesinos, han solicitado la prohibición preventiva de los LAWS, mientras que otros proponen mecanismos estrictos de supervisión humana. Sin embargo, el atractivo de la velocidad, el rendimiento y la ventaja táctica sigue impulsando la inversión militar en estas estructuras.

Los dilemas éticos también se presentan en ámbitos no mortales. Consideremos los drones autosuficientes utilizados en la mitigación de catástrofes o el rastreo ambiental. Si bien pueden alcanzar regiones inaccesibles para los seres humanos, su capacidad de recopilación de información también puede vulnerar el derecho a la privacidad. De igual manera, los cuidadores robóticos impulsados por IA para personas mayores o con discapacidad pueden mejorar la calidad de vida, pero pueden fomentar la dependencia emocional, reducir el contacto humano o, inadvertidamente, pasar por alto los matices morales en la prestación de cuidados. En estos casos, los diseñadores deben considerar no solo los resultados funcionales, sino también los valores humanos y los contextos sociales afectados por sus estructuras.

La rendición de cuentas sigue siendo un desafío fundamental. Las estructuras criminales tradicionales se basan en la creencia de organización y lógica, cualidades de las que carecen las máquinas. Cuando una máquina autónoma falla, determinar la responsabilidad se vuelve difícil. ¿Deberían los fabricantes ser considerados estrictamente responsables de todas las acciones realizadas a través de sus estructuras? ¿O deberíamos considerar un modelo de responsabilidad distribuido, que abarque a desarrolladores, administradores de datos, reguladores y consumidores? Los juristas han propuesto marcos como la "sociedad algorítmica", la "responsabilidad indirecta" y la "responsabilidad estricta con colchones de seguro", pero el consenso sigue siendo difícil de alcanzar. La brecha entre la funcionalidad tecnológica y la infraestructura criminal continúa expandiéndose, lo que dificulta la cooperación interdisciplinaria.

El sesgo y la discriminación son complicaciones similares. Las estructuras autónomas, basadas en información histórica, pueden reflejar y agravar las desigualdades sociales. Por ejemplo, un sistema de contratación autónomo podría aprender a seleccionar candidatos masculinos basándose en estadísticas educativas sesgadas. Un dron de seguridad autónomo podría apuntar desproporcionadamente a personas de color debido a patrones en las entradas de vigilancia. Estos desastres éticos no son simplemente errores técnicos, sino que reflejan problemas sociales más profundos, codificados en algoritmos. La transparencia, la equidad y la auditabilidad deben integrarse en el diseño de estas estructuras desde el principio. Además, la IA ética requiere numerosos grupos, conjuntos de datos inclusivos y métricas de evaluación sólidas que prioricen el bienestar humano sobre el rendimiento individual.

Otra dificultad esencial es la alineación de costos. Los sistemas autónomos suelen optimizarse para alcanzar objetivos precisos (eficiencia de combustible, precisión del objetivo, velocidad de transporte), pero también pueden pasar por alto valores humanos más amplios, como la empatía, la justicia o la compasión. Un dron de transporte también puede priorizar la ruta más rápida sin considerar la contaminación acústica en barrios residenciales. Un algoritmo de vigilancia policial predictiva también puede maximizar la reducción de la delincuencia en relación con las libertades civiles. Estos cambios no son solo técnicos, sino que pueden ser decisiones éticas que requieren previsión ética. Los desarrolladores deben involucrar a las partes interesadas, los especialistas en ética y las comunidades para garantizar que los sistemas de IA estén alineados con los valores de las sociedades a las que sirven.

El entorno de implementación también desempeña un papel fundamental en la definición de los resultados éticos. Un sistema totalmente independiente que opera en una planta industrial controlada presenta menos riesgos éticos que uno que navega por espacios públicos complejos. Por lo tanto, la atención al contexto, la detección del entorno y el razonamiento ético deben adaptarse al dominio específico. Los sistemas adaptativos que pueden amplificar la información a operadores humanos en condiciones ambiguas —conocidos como arquitecturas "human-on-the-loop" o "human-in-command"— ofrecen una vía para mitigar los dilemas éticos. Sin embargo, estos diseños también deben considerar la latencia, la sobrecarga del operador y el riesgo de sesgo de automatización, donde los seres humanos se someten a las decisiones del sistema incluso cuando son incorrectas.

La cooperación y el derecho internacionales son cruciales. Los sistemas autónomos, especialmente en ámbitos como la aviación, el transporte y nuestro mundo digital, suelen operar a través de las fronteras. La fragmentación de las políticas puede generar lagunas, inconsistencias y dificultades para su aplicación. Establecer normas globales, requisitos de seguridad y estándares éticos requiere la colaboración entre gobiernos, industrias, el mundo académico y la sociedad civil. Organismos como el IEEE, la ISO y el UNIDIR han propuesto sugerencias éticas, pero los marcos aplicables siguen siendo limitados. Es necesario un enfoque coordinado para garantizar que las estructuras de IA independientes no socaven los derechos humanos fundamentales ni los principios democráticos.

La educación y la participación pública son igualmente cruciales. Los dilemas éticos en la IA no son solo competencia de los expertos; afectan a la sociedad en su conjunto. La atención pública, la deliberación democrática y las técnicas de diseño participativo pueden contribuir a la trayectoria ética de las tecnologías autosuficientes. La ciudadanía debe tener voz y voto en la determinación de cómo se utilizan estos sistemas en los espacios públicos, la sanidad, el transporte y la justicia. Los análisis de transparencia, las auditorías algorítmicas y las iniciativas de tecnología cívica pueden enriquecer la responsabilidad y el consenso.

El auge de las estructuras autosuficientes impulsadas por la inteligencia artificial ofrece grandes promesas y profundos dilemas éticos. A medida que las máquinas adquieren la capacidad de percibir, determinar y actuar de forma independiente, la humanidad debe afrontar nuevas cuestiones sobre el deber, la equidad, la protección y la ética empresarial. Estas exigentes situaciones no pueden ser resueltas por ingenieros por sí solos; requieren una reacción interdisciplinaria, inclusiva y coordinada a nivel global. Los marcos éticos deben evolucionar a la par del progreso tecnológico para garantizar que la autonomía sirva, en lugar de subvertir, los valores humanos. Solo entonces podremos alcanzar el pleno potencial de la IA autosuficiente, a la vez que salvaguardamos los estándares que definen nuestra humanidad compartida.

CAPÍTULO 3

Inteligencia Artificial y Responsabilidad

3.1. El estatus legal de la IA

La inteligencia artificial (IA) se ha convertido rápidamente en una tecnología transformadora, cambiando sustancialmente la forma en que operan las personas y las sociedades. Sin embargo, su potencial va más allá de la mera innovación tecnológica; también plantea importantes cuestiones penales, morales y sociales. La reputación delictiva de la IA es uno de los problemas clave que surgen con el desarrollo de esta era, y la evolución de los marcos penales para abordarla determinará las tendencias futuras.

Para abordar la popularidad de la IA como delito, es fundamental definir qué se considera un delito en relación con ella. Hasta ahora, la IA se ha tratado generalmente como un "elemento" o "herramienta", lo que significa que ya no se le ha exigido responsabilidad legal. Esto impone la responsabilidad a los diseñadores y usuarios de los sistemas de IA. A medida que los sistemas de IA se vuelven más autónomos y complejos, este enfoque tradicional resulta insuficiente.

La reputación criminal de la IA se ha convertido en un problema complejo que exige su integración en los sistemas jurídicos existentes. En cierto punto, la ley también podría tener dificultades para asignar responsabilidades, ya que la IA podría tomar decisiones y asumir responsabilidades de forma autónoma. Esto plantea interrogantes cruciales sobre cómo evaluar las consecuencias penales de las acciones de la IA.

La identificación criminal de la IA ha evolucionado de ser simplemente un conjunto de software y algoritmos a algo mucho más sofisticado. Hoy en día, algunas estructuras de IA son tan avanzadas que pueden funcionar de forma independiente y tomar decisiones basadas en sus propios métodos de aprendizaje. Esta característica dificulta cada vez más tratar la IA simplemente como un "dispositivo", y en algunos casos, surge la pregunta de si la propia IA debería tener una identidad criminal. Por ejemplo, si un sistema de IA causa daños debido a un mal funcionamiento o toma una decisión incorrecta, ¿quién debe rendir cuentas: sus creadores, sus usuarios o la propia IA?

En muchos países, para abordar estas ambigüedades criminales, se suele atribuir la responsabilidad a los diseñadores y usuarios de los sistemas de IA. Sin embargo, estas responsabilidades pueden ser difíciles de definir, especialmente porque la IA continúa adaptándose a enfoques que la hacen impredecible. A medida que las estructuras de IA aprenden y se adaptan, su comportamiento no será totalmente previsible, lo que complica la asignación de responsabilidad por sus acciones.

Otra amplia área de implicaciones legales de la IA se refiere a los contratos. Hoy en día, el software de IA se utiliza cada vez más para crear y ejecutar diversos acuerdos comerciales, transacciones financieras y expedientes judiciales.

Esto plantea la cuestión de si un acuerdo creado mediante IA tiene la misma fuerza legal que uno creado por un ser humano. En muchas jurisdicciones, la validez de un acuerdo creado mediante IA sigue siendo tema de debate.

Por ejemplo, si un sistema de IA crea un acuerdo entre un emisor de servicios y un usuario, ¿se consideraría legítimo dicho contrato dentro del marco penal actual o no sería válido únicamente para los creadores de la IA? Además, ¿cómo deberían diseñarse los marcos penales para visualizar y regular el papel de la IA en la creación y aplicación de acuerdos, a fin de garantizar que dichas técnicas sean justas y transparentes?

Si bien la IA se utiliza ampliamente para optimizar la productividad y reducir los errores humanos en muchas industrias, también conlleva responsabilidades penales. Por ejemplo, si un dispositivo de IA falla o toma una decisión incorrecta que causa daños, ¿quién asume la responsabilidad financiera? La participación de la IA en la toma de decisiones, especialmente cuando sus acciones causan daños, plantea cuestiones penales cruciales.

La responsabilidad por daños provocados por la IA suele recaer más sobre los diseñadores o usuarios del dispositivo. Sin embargo, a medida que la IA se vuelva más autosuficiente e imparcial, determinar la responsabilidad legal se volverá más complejo. El marco penal debe tener en cuenta la posibilidad de que las estructuras de IA puedan tomar decisiones al margen del control humano, lo que podría requerir un replanteamiento de la forma en que se asigna la responsabilidad.

Las regulaciones legales en torno a la IA aún se encuentran en sus etapas iniciales y varían considerablemente entre países. Sin embargo, a medida que la IA continúa expandiéndose, muchos países están comenzando a introducir leyes que rigen su uso. Por ejemplo, la Unión Europea ha tomado medidas para crear una ley que aborde el uso ético de la IA y su compatibilidad con los derechos humanos y las libertades fundamentales.

Sin embargo, estas normas no suelen contemplar todos los usos de la IA. Por ejemplo, su utilidad en entornos militares, sanitarios o el sector financiero también puede requerir regulaciones específicas y a medida. La diversidad de aplicaciones de la IA implica que los marcos penales deben ser adaptables para abordar las particularidades de cada sector. Por ejemplo, un marco penal que regule la IA en el ámbito sanitario también deberá tener en cuenta las leyes de privacidad, la ética clínica y la seguridad de los pacientes, mientras que en el ámbito financiero, las preocupaciones sobre la manipulación del mercado y la transparencia son más genéricas.

El estatus legal de la IA sigue siendo un tema de creciente debate a nivel mundial. Las medidas adoptadas en este ámbito no solo afectarán a las empresas productoras, sino también a los gobiernos y legisladores, quienes deben abordar las complejidades de la regulación de este poderoso dispositivo. A medida que la IA siga evolucionando, será necesario un amplio debate y un desarrollo normativo para determinar cómo se puede incorporar la IA al sistema penal.

Crear un marco penal para la IA que aborde tanto los beneficios como los riesgos que plantea su uso podría ser importante para garantizar que se descubra completamente su potencial sin socavar los estándares sociales y éticos. Un enfoque multifacético para la reputación penal de la IA podría ser crucial, ya que esta era afecta a una amplia variedad de áreas, desde la privacidad y la protección hasta los mercados económicos y la atención médica.

A medida que las estructuras de IA evolucionan, será necesario describir con precisión la responsabilidad de sus acciones y decisiones. Esta responsabilidad no solo recaerá en los diseñadores y usuarios de la IA, sino también en la sociedad en su conjunto, que debe garantizar que las estructuras legales evolucionen junto con estas tecnologías para proteger el estándar deseable.

3.2. Responsabilidad: ¿Máquina o humana?

La cuestión del deber en el contexto de la inteligencia artificial (IA) es un tema profundo y complejo que ha cautivado debates penales, morales y filosóficos en los últimos años. A medida que los sistemas de IA se vuelven más autónomos, sus decisiones afectan cada vez más la vida humana. Sin embargo, dado que estas estructuras funcionan sin control humano directo, el dilema de asignar responsabilidades se vuelve cada vez más complejo. ¿Debería la responsabilidad de las acciones realizadas por una IA recaer en el propio sistema, en sus creadores o en los usuarios del dispositivo? Esta pregunta aborda problemas fundamentales de derecho, ética y tecnología, y requiere un análisis minucioso de la organización humana y de la máquina.

Históricamente, la responsabilidad de las acciones ha recaído siempre en los humanos: individuos o empresas capaces de tomar decisiones conscientes. En el caso de la IA, la responsabilidad recae tradicionalmente en los actores humanos involucrados en el diseño, desarrollo, implementación y uso de la tecnología. Por ejemplo, se espera que los creadores de estructuras de IA asuman la responsabilidad del diseño y el funcionamiento de las estructuras que desarrollan, garantizando que sus creaciones operen dentro de los límites éticos y legales adecuados. Además, los individuos y las empresas que utilizan la IA son responsables de las decisiones que se toman con su ayuda.

Uno de los principales motivos por los que se suele enfatizar la responsabilidad humana en estos contextos es que, si bien las estructuras de IA pueden realizar tareas de forma autónoma, pueden ser diseñadas, programadas y mantenidas por seres humanos. Por lo tanto, se argumenta que, a largo plazo, los humanos son responsables de las capacidades y limitaciones de la IA, así como de los resultados de sus acciones. Sin embargo, la complejidad y la autonomía de la IA actual ponen en entredicho la idoneidad de este marco.

La posibilidad de asignar responsabilidades directamente a las máquinas es un problema controvertido. Los sistemas de IA, especialmente aquellos basados completamente en el aprendizaje automático, pueden evolucionar con el tiempo gracias a la exposición a datos e informes, tomando decisiones que sus creadores podrían no haber previsto. Por ejemplo, en los vehículos autónomos, las estructuras de IA toman decisiones que podrían implicar situaciones de vida o muerte. Si un vehículo autónomo toma una decisión que resulta en un giro del destino, ¿debería el vehículo o su fabricante ser considerado responsable? ¿O debería la responsabilidad recaer en la persona que inició el funcionamiento del vehículo?

Quienes defienden la obligación de los dispositivos argumentan que, en ciertos casos, las estructuras de IA deben asumir cierta responsabilidad por sus acciones, especialmente cuando su autonomía alcanza un nivel en el que toman decisiones independientes que afectan la vida humana. Por ejemplo, en el caso de robots o automóviles completamente independientes, si la máquina de IA es capaz de tomar sus propias decisiones basándose en datos de entrada y realiza acciones sin supervisión humana directa, se podría argumentar que debería rendir cuentas de su conducta.

Sin embargo, esta postura plantea importantes problemas. A diferencia de los humanos, las máquinas carecen de la capacidad de razonamiento ético y de reconocer las consecuencias de sus acciones. Funcionan con base en algoritmos preprogramados y patrones aprendidos, lo que significa que, si bien pueden actuar de forma independiente, ya no tienen la capacidad de tomar decisiones morales como lo hacen los humanos. Esto plantea interrogantes sobre la equidad y la viabilidad de mantener la responsabilidad de los sistemas de IA de inmediato.

Dado que las propias máquinas carecen de las capacidades de razonamiento ético vitales para la toma de decisiones morales, la responsabilidad tiende a recaer en quienes diseñan y construyen sistemas de IA. Los desarrolladores, fabricantes y empresas que implementan IA suelen ser considerados legal y éticamente responsables de las acciones de las estructuras de IA. La función de los desarrolladores y fabricantes es crucial para garantizar que las estructuras de IA funcionen de forma correcta, responsable y ética.

Por ejemplo, en el contexto de los automóviles autosuficientes, los fabricantes deben garantizar que los algoritmos que rigen el comportamiento de los vehículos estén diseñados para priorizar la protección y cumplir con las normas penales. De igual manera, los desarrolladores son responsables de probar los sistemas de IA para evitar consecuencias inesperadas o perjudiciales. Si un dispositivo de IA causa daños debido a un fallo de diseño o al uso incorrecto de la información, el fabricante o desarrollador puede ser considerado responsable del daño causado. Este concepto de "responsabilidad del diseñador" se alinea con los marcos legales tradicionales, que atribuyen la responsabilidad a los actores humanos responsables de los productos y servicios.

Sin embargo, esta perspectiva también se enfrenta a situaciones exigentes. A medida que los sistemas de IA se vuelven cada vez más complejos, es posible que los desarrolladores y productores no siempre comprendan por completo las decisiones que toma la IA, especialmente en sistemas de aprendizaje automático donde la IA "aprende" de grandes cantidades de datos. En tales casos, la línea entre la responsabilidad humana y el comportamiento de las máquinas se difumina.

Otro elemento clave de responsabilidad recae en los clientes de las estructuras de IA. En muchos casos, los usuarios interactúan con los sistemas de IA, orientándolos para que realicen tareas específicas. Por ejemplo, un sistema de asesoramiento basado en IA en una plataforma de comercio electrónico también puede sugerir productos según las preferencias del consumidor, pero es el usuario quien finalmente toma la decisión de compra. En el caso de los vehículos autónomos, el consumidor puede indicar un destino, pero no controla directamente los movimientos del vehículo.

Aunque los clientes no diseñen ni programen las estructuras de IA, suelen ser responsables de su implementación y uso. En este contexto, los usuarios deben asegurarse de utilizar los sistemas de IA de forma responsable y ética. Si los clientes actúan con negligencia o explotan las estructuras de IA de forma peligrosa, serán responsables de cualquier resultado negativo. Por ejemplo, si un dron autónomo se utiliza de forma imprudente y causa daños, el operador también podría asumir las consecuencias penales, aunque el sistema de IA fuera el que controlaba la acción.

Sin embargo, la creciente complejidad de los sistemas de IA dificulta que los usuarios comprendan completamente las decisiones que se toman mediante la IA, especialmente en el caso de los modelos de "caja negra", donde el razonamiento que sustenta las decisiones no es evidente. Esta pérdida de transparencia complica la responsabilidad con los usuarios, sobre todo si desconocen los riesgos potenciales o los problemas éticos asociados a los sistemas de IA.

Dada la creciente complejidad de las estructuras de IA y su creciente autonomía, los marcos legales actuales para la asignación de responsabilidades ya no son suficientes. A medida que la IA continúa mejorando, es necesario desarrollar nuevos modelos de responsabilidad para afrontar las exigentes condiciones particulares que plantean las estructuras autosuficientes. Estos marcos también podrían necesitar recordar la responsabilidad compartida entre máquinas, desarrolladores humanos, fabricantes y clientes.

Algunos profesionales sugieren el concepto de "coobligación", según el cual las estructuras de IA, los desarrolladores y los usuarios comparten la responsabilidad de las acciones realizadas mediante la IA. Bajo este modelo, los sistemas de IA serían responsables de ciertas decisiones, mientras que los humanos —ya sean desarrolladores o usuarios— también serían responsables del contexto en el que se utiliza la IA y de garantizar que los sistemas se diseñen e implementen de forma ética.

Además, a medida que las estructuras de IA se vuelven más autónomas, resulta vital establecer principios rectores que rijan la delegación de responsabilidades a las máquinas. Estos principios deben incluir garantizar que las estructuras de IA estén diseñadas para priorizar la protección, la ética y el deber, además de desarrollar mecanismos de supervisión humana en casos en que las decisiones de la IA tengan consecuencias significativas.

La cuestión del deber —ya sea de las máquinas, de los seres humanos o de ambos— plantea problemas complejos y fundamentales que deben abordarse a medida que la IA se convierte en parte integral de la sociedad. Si bien la responsabilidad humana sigue siendo un aspecto importante de la ética y la regulación de la IA, la creciente autonomía de las estructuras de IA desafía los marcos convencionales y exige la mejora de los métodos recientes de rendición de cuentas. A medida que la tecnología continúa adaptándose, la sociedad debe considerar cómo equilibrar la posición de las máquinas en la toma de decisiones con el deber moral y legal de los actores humanos.

3.3. Toma de decisiones y elecciones éticas

La intersección de la inteligencia artificial (IA) y la toma de decisiones plantea diversos dilemas éticos que traspasan los límites de la organización y la moralidad humanas. La capacidad de la IA para tomar decisiones, a menudo de forma independiente, introduce nuevas dimensiones de obligación y consideración ética, planteando cuestiones cruciales sobre la naturaleza de la elección, la autonomía y la responsabilidad.

En el centro del proceso de selección de la IA se encuentran los algoritmos: modelos matemáticos diseñados para analizar información, comprender patrones y realizar predicciones o tomar decisiones. Los sistemas de IA tradicionales se basan en algoritmos basados en reglas, en los que un conjunto de instrucciones predefinidas dicta cómo se toman las decisiones. Sin embargo, la IA contemporánea, principalmente los modelos de aprendizaje automático (AA) y aprendizaje profundo (AA), funciona de forma diferente. Estos modelos pueden "aprender" de grandes cantidades de información, adaptarse a nuevas situaciones y tomar decisiones basadas en historias pasadas en lugar de una programación específica.

En el aprendizaje automático, el proceso de toma de decisiones no es estático, sino que evoluciona con el tiempo. Las estructuras de IA se basan en la estadística, lo que les permite comprender relaciones, correlaciones y patrones en el conjunto de datos. Esto significa que la IA puede realizar predicciones, clasificaciones y tomar decisiones que los humanos no podrían prever. Sin embargo, aunque estas estructuras son relativamente nuevas y capaces de procesar grandes cantidades de datos, a menudo carecen de transparencia, lo que genera inquietudes sobre la responsabilidad cuando un sistema de IA toma una decisión inesperada o arriesgada. En el contexto de la toma de decisiones éticas, la falta de transparencia es un problema crucial, ya que dificulta comprender cómo y por qué un dispositivo de IA llegó a un resultado específico.

La utilidad de la IA en los procesos de toma de decisiones plantea cuestiones morales cruciales. ¿Cómo deben diseñarse los sistemas de IA para garantizar que sus decisiones se ajusten a los valores humanos? ¿Qué marcos morales pueden guiar las decisiones de la IA en situaciones donde los resultados tienen amplias implicaciones para las personas y la sociedad?

Existen varias tácticas morales que pueden aplicarse a la toma de decisiones de la IA. Estos marcos buscan garantizar que las estructuras de IA tengan en cuenta los estándares morales y el bienestar humano en sus decisiones:

1. Utilitarismo: Este principio ético indica que la elección correcta es la única que maximiza la felicidad o el bienestar general. En la toma de decisiones de la IA, una técnica utilitarista implicaría tomar decisiones que beneficien al mayor número posible de personas, aunque ello implique sacrificar las actividades de unos pocos. Por ejemplo, un sistema de IA en el ámbito sanitario podría priorizar los tratamientos para los pacientes con mayores probabilidades de supervivencia, excluyendo potencialmente a los pacientes con menores probabilidades. Sin embargo, la aplicación del utilitarismo en sistemas de IA es controvertida, ya que plantea inquietudes sobre la equidad y el trato a las minorías o a las empresas vulnerables.

2. Ética deontológica: La deontología se centra en el cumplimiento de las directrices, obligaciones y derechos, en lugar de en los resultados de las acciones. En la toma de decisiones mediante IA, esto puede implicar garantizar que los sistemas de IA tomen decisiones que reconozcan los derechos humanos, defiendan la equidad y eviten causar daños, independientemente de las consecuencias. Por ejemplo, las estructuras de IA en la justicia penal o las fuerzas del orden deberían adherirse a principios éticos que protejan los derechos de las personas, garantizando que las decisiones tomadas

mediante la IA no violen las debidas costumbres ni conduzcan a consecuencias injustas.

3. Ética de la Virtud: La ética de la virtud enfatiza la importancia de desarrollar desarrollos o virtudes humanas acertadas, como la compasión, la honestidad y la equidad. En la IA, este enfoque podría implicar el diseño de sistemas que repliquen comportamientos virtuosos en sus procesos de toma de decisiones. Por ejemplo, una IA utilizada en servicios sociales podría programarse para mostrar empatía en sus interacciones con personas necesitadas. Sin embargo, la ética de las características distintivas en la IA plantea desafíos, ya que las virtudes son subjetivas y se basan en la cultura, lo que dificulta definir estándares universales para la conducta de la IA.

4. Ética del Cuidado: La ética del cuidado enfatiza la importancia de las relaciones, la empatía y el bienestar de las personas. En el contexto de la IA, un método de ética del cuidado podría priorizar decisiones que preserven o enriquezcan la dignidad humana y protejan a las personas vulnerables. Una IA en un entorno de cuidado, como el apoyo a personas mayores, podría diseñarse para priorizar el bienestar de las personas, garantizando que sus necesidades emocionales y físicas se satisfagan con compasión.

Si bien estos marcos éticos proporcionan una base para la toma de decisiones morales en IA, pueden no ser excluyentes. En la práctica, las estructuras de IA pueden integrar aspectos de múltiples teorías éticas, y sus decisiones pueden requerir flexibilidad, adaptación al contexto y atención a la evolución de las circunstancias.

Uno de los principales desafíos de la toma de decisiones mediante IA es su inherente pérdida de transparencia. Muchas estructuras de IA, especialmente las basadas en el aprendizaje profundo, funcionan como "cajas negras", donde el sistema de toma de decisiones no es fácilmente comprensible para los seres humanos. Esta opacidad plantea problemas éticos, especialmente en ámbitos de alto riesgo como la salud, la justicia penal y las finanzas, donde las decisiones pueden afectar significativamente la vida de las personas.

Para abordar esto, ha surgido el campo de la "IA explicable" (IAX), especializado en el desarrollo de sistemas de IA que justifiquen sus decisiones de forma clara y comprensible. Para tomar decisiones éticas, los sistemas de IA deben ser explicables tanto para los usuarios como para las partes interesadas, de modo que sus decisiones puedan ser examinadas y responsables. Por ejemplo, si un sistema de IA se utiliza en una contratación y rechaza a un candidato, este debe comprender el motivo de la decisión, ya sea por sesgo, pérdida de cualificaciones o cualquier otro factor. Esta transparencia permite a las personas tomar decisiones basadas en IA y garantiza el correcto funcionamiento del sistema.

La explicabilidad no siempre es tan importante para la rendición de cuentas como para la aceptación. Es más probable que los usuarios acepten las decisiones de la IA si comprenden cómo se tomaron, especialmente cuando afectan sus vidas. Sin transparencia, las estructuras de la IA pueden percibirse como arbitrarias o injustas, lo que genera desconfianza en su software e integridad.

A medida que los sistemas de IA se integran cada vez más en diversos aspectos de la vida, inevitablemente se enfrentan a condiciones que plantean dilemas éticos. Estos dilemas implican alternativas para las que no existe una solución "correcta" clara, y el sistema debe gestionar valores e intereses contrapuestos. Algunos ejemplos de dilemas éticos en la toma de decisiones de la IA incluyen:

1. Vehículos autónomos: Cuando un coche autónomo se enfrenta a una situación de fuerza mayor, ¿debería la IA priorizar la seguridad de los pasajeros o la de los peatones? Este tradicional "problema del tranvía" plantea interrogantes complejos sobre cómo la IA debe tomar decisiones cruciales y qué valores deben guiar dichas decisiones.

2. IA en el ámbito sanitario: En el ámbito sanitario, los sistemas de IA pueden encargarse de tomar decisiones sobre la asignación de recursos limitados, como respiradores o trasplantes de órganos. ¿Debería un sistema de IA priorizar salvar la vida de personas más jóvenes con menores probabilidades de supervivencia, o debería tener en cuenta

otros factores, como la calidad de vida de los pacientes y sus contribuciones a la sociedad?

3. Justicia Penal: Los sistemas de IA se utilizan cada vez más en la vigilancia predictiva y la imposición de sentencias. En estos contextos, la IA debe sopesar el riesgo de reincidencia, la historia del delincuente y las actividades sociales. ¿Cómo pueden estas estructuras evitar perpetuar los sesgos existentes y garantizar consecuencias justas para todas las personas implicadas?

4. Algoritmos de redes sociales: Los algoritmos basados en IA que respaldan contenido en redes sociales se enfrentan a retos éticos a la hora de equilibrar la libertad de expresión con la prevención de contenido dañino, como el discurso de odio o la desinformación. ¿Cómo deberían los sistemas de IA tomar decisiones sobre qué contenido promover o suprimir, y hasta qué punto debe respetarse la autonomía del usuario?

Estos dilemas éticos resaltan el problema de programar estructuras de IA para tomar decisiones moralmente correctas, así como la tarea de asegurar que la toma de decisiones de la IA se alinee con los valores sociales.

La intersección de la toma de decisiones y la ética en la inteligencia artificial representa una de las situaciones más exigentes en el desarrollo y la implementación de las estructuras de IA. A medida que la IA continúa fortaleciéndose, las decisiones tomadas con la ayuda de estas estructuras pueden tener profundas implicaciones para las personas y la sociedad.

Es crucial crear marcos éticos que guíen la toma de decisiones en IA, garantizando que las estructuras reflejen los valores humanos, defiendan la equidad y protejan los derechos humanos. Además, se debe priorizar la transparencia y la explicabilidad para generar consenso en los sistemas de IA y garantizar que sus decisiones puedan ser comprendidas, evaluadas y responsables. A medida que el ámbito de la IA continúa evolucionando, es fundamental participar en debates continuos sobre las implicaciones éticas de la toma de decisiones en IA y perfeccionar marcos que equilibren las capacidades de la IA con las obligaciones éticas que conlleva su uso.

3.4. La rendición de cuentas de la IA en la práctica

La inteligencia artificial ha pasado de ser un área experimental a una presión generalizada que impulsa el comercio en todos los sectores, desde las finanzas hasta la salud, el transporte y la gobernanza. Con este cambio, surge un creciente reconocimiento de que los sistemas de IA, que a menudo toman o influyen en decisiones que antes estaban reservadas a los seres humanos, deben rendir cuentas. Sin embargo, la rendición de cuentas en la IA es un problema complejo y multifacético. Implica consideraciones legales, técnicas, organizativas y éticas. Comprender cómo funciona la rendición de cuentas en la práctica implica analizar cómo se asignan las responsabilidades, cómo se aplica la transparencia y cómo se implementan los mecanismos de reparación cuando los sistemas de IA causan daños. En este capítulo, exploramos cómo es la rendición de cuentas en la práctica de la IA, los marcos que se están desarrollando para guiarla y los desafíos del mundo real que siguen complicando su aplicación.

En esencia, la responsabilidad en IA se refiere a los mecanismos y deberes que garantizan que los desarrolladores, implementadores y usuarios de sistemas de IA sean responsables de sus acciones y de los efectos de estas estructuras. A diferencia de la tecnología tradicional, la IA puede mostrar una toma de decisiones autónoma y un sentido común opaco, lo que dificulta el rastreo de responsabilidades. Sin embargo, en la práctica, la rendición de cuentas consiste en garantizar que los sistemas funcionen conforme a los estándares legales y éticos, y que existan recursos en caso de incumplimiento de dichos estándares.

Uno de los pilares principales de la rendición de cuentas en IA es la transparencia. En términos prácticos, la transparencia implica una documentación clara de cómo un dispositivo de IA se volvió profesional, qué datos utilizó, qué supuestos guiaron su diseño y qué riesgos se consideraron. Cada vez es más necesario que las organizaciones creen "fichas de modelo" y "hojas de registro" que acompañen a las estructuras implementadas. Estos documentos sirven como información técnica, detallando la estructura del dispositivo de IA, sus métodos de entrenamiento, las fuentes de datos, las limitaciones y el comportamiento previsto en contextos extraordinarios. Si bien esta documentación no resuelve la opacidad de los modelos de aprendizaje profundo, proporciona una base para evaluar las decisiones retrospectivamente y auditar el comportamiento de la IA.

Otro nivel práctico de responsabilidad es la auditoría. Las auditorías internas y externas investigan si las estructuras de IA cumplen con los requisitos regulatorios y éticos. Las auditorías también pueden analizar diversos aspectos, desde el sesgo y la equidad hasta la degradación del rendimiento, la interpretabilidad, la privacidad de la información y la ciberseguridad. Los auditores independientes de terceros se emplean habitualmente en dominios de alto riesgo, como el financiero y el sanitario. Por ejemplo, los bancos que utilizan algoritmos de calificación crediticia pueden enfrentarse a multas o daños a su reputación si sus modelos revelan sesgo racial o de género. Los auditores estudian los registros históricos de decisiones, verifican casos secundarios y examinan la paridad estadística para identificar características complejas. Cada vez más, los reguladores exigen pruebas de impacto obligatorias e informes de transparencia: análisis estructurados de las implicaciones sociales de un dispositivo de IA, similares a los informes de impacto ambiental requeridos para los proyectos de desarrollo.

La rendición de cuentas también exige una serie de responsabilidades dentro de las empresas. Esto implica roles claramente definidos para los desarrolladores de IA, gerentes de producto, asesores legales y responsables de cumplimiento. Al igual que en el caso de la seguridad de datos, donde el RGPD exige el nombramiento de un Delegado de Protección de Datos (DPD), algunos marcos regulatorios sugieren el nombramiento de Responsables de Ética de IA o Líderes Responsables de IA. Estos roles están diseñados para supervisar el ciclo de vida ético de las estructuras de IA, desde el diseño y la formación hasta la implementación y la monitorización, y para actuar como enlace entre los equipos técnicos y las partes interesadas externas. Cuando se produce un daño o un sistema de IA se comporta de forma inesperada, es fundamental rastrear quién fue responsable de cada decisión dentro del proceso de desarrollo y qué medidas de seguridad se implementaron.

Incorporar la rendición de cuentas en los procesos de mejora de la IA también fomenta un estilo de vida basado en la reflexión y la documentación éticas. Los informes de incidentes de IA son una práctica emergente, inspirada en los campos de la aviación y la ciencia, en la que los resultados inesperados o los cuasi accidentes se documentan y comparten de forma anónima para generar información institucional y evitar su recurrencia. Iniciativas como la "Base de Datos de Incidentes de IA" de la Alianza para la IA animan a las organizaciones a compartir información sobre errores o resultados no deseados en las estructuras de IA. Al aprender de los errores colectivos, la industria puede construir sistemas más robustos y alcanzar mejores estándares.

La responsabilidad legal es un factor clave en la práctica. Cuando un sistema de IA causa daños —como un coche autónomo que atropella a un peatón—, determinar la responsabilidad legal es una tarea compleja. Los sistemas penitenciarios tradicionales se basan en actores humanos y no pueden controlar adecuadamente las empresas distribuidas. Las jurisdicciones están experimentando con unidades penitenciarias que incluyen la "responsabilidad objetiva" (que mantiene a las empresas responsables independientemente de su negligencia) o la "responsabilidad del producto" (que considera la IA como un producto defectuoso). También se debate la creación de un código penal independiente para los vendedores autónomos, aunque esto sigue siendo controvertido. La Ley de IA de la Unión Europea, por ejemplo, introduce una legislación basada en el riesgo y responsabiliza directamente a los implementadores de sistemas de IA de alto riesgo, exigiendo documentación, comprobaciones de riesgos y supervisión humana.

En la práctica, las corporaciones están respondiendo a este cambiante panorama legal mediante la creación de marcos de gobernanza interna. Estos suelen consistir en juntas de revisión ética, listas de verificación para una IA responsable y programas de formación para desarrolladores. Empresas como Google, Microsoft e IBM han publicado estándares de IA y creado grupos de IA responsable encargados de implementarlos. Sin embargo, los críticos argumentan que los compromisos voluntarios son insuficientes sin su cumplimiento y escrutinio externo. Por lo tanto, los proyectos multisectoriales que involucran a la sociedad civil, el mundo académico y el gobierno están cobrando impulso a medida que se desarrollan modelos de gobernanza colaborativa.

La responsabilidad centrada en el usuario es otra práctica vital. Este enfoque garantiza que los clientes que abandonan el proceso y las personas afectadas tengan opciones transparentes para impugnar las decisiones de la IA y buscar reparación. Por ejemplo, en el ámbito de las herramientas de contratación automática, los candidatos a los que se les deniega el empleo debido a decisiones algorítmicas deben ser informados sobre la lógica que subyace a la decisión y poder solicitar o solicitar una evaluación humana. En el ámbito sanitario, los pacientes sometidos a sistemas de diagnóstico deben ser capaces de comprender la intención del diagnóstico y solicitar una segunda evaluación. El concepto de "evaluación humana significativa" está ahora integrado en numerosas normativas para evitar la automatización total en decisiones de alto riesgo.

Los bucles de monitoreo y comentarios son cruciales para el desempeño a largo plazo. Los sistemas de IA no son estáticos: investigan, actualizan y evolucionan. El monitoreo continuo garantiza que los sistemas se mantengan confiables, precisos y seguros en condiciones cambiantes. El flujo de modelos, los ataques hostiles o los bucles de comentarios accidentales pueden provocar el deterioro de modelos que antes eran confiables. Las organizaciones están implementando herramientas para el registro del rendimiento, sistemas de alerta para comportamientos anómalos y protocolos de reentrenamiento basados en nuevos datos. Sin embargo, esta tarea continua plantea desafíos logísticos y financieros, especialmente para las empresas más pequeñas.

Los modelos y marcos de código abierto contribuyen a la práctica al permitir la revisión por pares y el escrutinio de la comunidad. Cuando los sistemas de IA son propietarios y opacos, el público general tiene pocas opciones para evaluarlos. Sin embargo, cuando los modelos, conjuntos de datos y código se hacen públicos, se pueden analizar para garantizar su imparcialidad, protección e integridad. Iniciativas como los estándares de documentación de OpenAI, las tarjetas de versión de Hugging Face o el kit de herramientas de IA responsable de Google ofrecen herramientas prácticas para que los desarrolladores hagan sus sistemas más transparentes y responsables desde el principio.

A pesar de estas mejoras, la implementación real de las responsabilidades de IA sigue siendo irregular. Muchas organizaciones carecen de los recursos o incentivos necesarios para implementar prácticas de IA responsables. Además, existe una brecha entre la ambición de la política y la viabilidad técnica. Por ejemplo, la implementación de la explicabilidad en redes neuronales complejas sigue siendo un problema sin resolver, y las estrategias de privacidad diferencial, aunque prometedoras, aún presentan alternativas de rendimiento. Además, la fragmentación geopolítica implica que los estándares de responsabilidad varían entre países, lo que crea lagunas y posibilidades de arbitraje regulatorio para las agencias globales.

Para apoyar la rendición de cuentas en el ejercicio, se requieren varias medidas. En primer lugar, unos requisitos globales armonizados podrían evitar situaciones de competencia desleal, donde las empresas operan en entornos menos regulados. En segundo lugar, se debe facilitar la inversión y el apoyo a las pequeñas empresas para que apliquen prácticas responsables de IA. En tercer lugar, se deben establecer organismos de supervisión independientes con facultades de ejecución —como los reguladores financieros— para auditar las estructuras de IA de alto riesgo. Por último, se debe promover la formación y la alfabetización pública en IA para que los usuarios, los periodistas y la sociedad civil puedan participar activamente en las decisiones sobre IA.

La rendición de cuentas en el ejercicio de la IA no es una mera formalidad ni una herramienta pública. Es un principio fundamental que garantiza que el desarrollo tecnológico se alinee con los valores sociales y proteja los derechos de las personas. Desde la documentación técnica y las funciones organizativas hasta la reparación de delitos y los derechos de los usuarios, la rendición de cuentas requiere una acción integral a lo largo de todo el ciclo de vida de la IA. A medida que los sistemas de IA se vuelven más eficaces e integrados en la infraestructura de la vida cotidiana, la necesidad de mecanismos de responsabilidad claros, exigibles y significativos se acentuará. Solo mediante la integración profunda de estas prácticas en el diseño tecnológico e institucional podremos garantizar que la IA sirva a los derechos de la ciudadanía en lugar de socavarlos.

CAPÍTULO 4

IA y justicia social

4.1. IA y desigualdad social

A medida que la inteligencia artificial (IA) continúa evolucionando y integrándose en diversas facetas de la sociedad, es importante descubrir sus implicaciones para la justicia social, principalmente al abordar los problemas de desigualdad. La capacidad de la IA para transformar las economías, los mercados laborales, la atención médica y la educación conlleva una clara promesa de desarrollo. Sin embargo, sin una reflexión cuidadosa, su implementación extensiva podría exacerbar las disparidades sociales existentes, amplificando las brechas sociales y económicas. El papel de la IA en la perpetuación o mitigación de la desigualdad social plantea diversas cuestiones complejas, que van desde el sesgo algorítmico hasta la distribución desigual de los recursos tecnológicos.

La IA tiene el poder de conectar o ampliar la brecha entre organizaciones socioeconómicas extraordinarias, dependiendo de cómo se diseñe e implemente. Una de las principales preocupaciones en torno a la IA es su potencial para perpetuar los sesgos existentes en los datos que analiza. Dado que las estructuras de IA se entrenan regularmente con grandes conjuntos de datos que replican patrones históricos de comportamiento humano, pueden adoptar inadvertidamente los sesgos presentes en estos conjuntos de datos. Por ejemplo, si un sistema de IA se utiliza en estrategias de contratación y se entrena con decisiones de contratación anteriores, puede replicar patrones discriminatorios basados en la raza, el género o el estatus socioeconómico, lo que provoca una pérdida de diversidad y la perpetuación de desigualdades sistémicas. Esto no solo afecta la equidad del sistema, sino que también refuerza los sistemas sociales de privilegio y desventaja.

Además, el desarrollo y la implementación de las tecnologías de IA se concentran frecuentemente en las zonas y países más ricos, lo que significa que el acceso a sus ventajas puede estar desproporcionadamente disponible para las poblaciones más adineradas. Esta disparidad podría conducir a lo que algunos han denominado una "brecha virtual", donde las personas de bajos ingresos o grupos subrepresentados quedan rezagadas, sin poder acceder a las mismas oportunidades o recursos que quienes se encuentran en posiciones más privilegiadas. El acceso desigual a la tecnología de IA podría provocar una mayor concentración de poder y riqueza en manos de unos pocos, lo que agravaría las desigualdades internacionales y locales. Por ejemplo, en el ámbito sanitario, las estructuras de IA que diagnostican y diagnostican afecciones médicas podrían no estar tan fácilmente disponibles en las regiones más pobres, lo que contribuye a una disparidad en la calidad de la atención sanitaria que reciben las poblaciones más necesitadas.

Al mismo tiempo, la utilidad de la IA en las estructuras de bienestar social, incluyendo la vigilancia predictiva o la gestión del bienestar, puede ser un arma de doble filo. Si bien estos sistemas prometen mejorar la eficiencia y la eficacia en la prestación de servicios, también presentan el riesgo de reforzar estereotipos y sesgos, especialmente cuando no se diseñan y supervisan cuidadosamente. La IA en las fuerzas del orden, por ejemplo, ha sido criticada por centrarse desproporcionadamente en grupos marginados, lo que da lugar a la discriminación racial y al trato injusto. Esto no solo afecta a las personas directamente implicadas, sino que también puede tener consecuencias sociales más amplias, como la desconfianza en las instituciones públicas y la pérdida de confianza en la equidad de los sistemas de justicia.

Abordar la IA y la desigualdad social requiere una estrategia multifacética que priorice la inclusión, la equidad y la transparencia en el desarrollo e implementación de las estructuras de IA. Los responsables políticos, los tecnólogos y los defensores de la justicia social deben trabajar conjuntamente para garantizar que la IA no se convierta en una herramienta que consolide las desigualdades existentes, sino que sirva como un método para promover la justicia y el progreso social. Un aspecto clave de este esfuerzo es garantizar que los sistemas de IA se diseñen con conjuntos de datos diversos, sin sesgos, y que se sometan a auditorías periódicas para evaluar su impacto en los grupos marginados. Además, es necesario promover el acceso equitativo a la tecnología de IA para garantizar que todas las personas, independientemente de su origen social o económico, puedan disfrutar de las mejoras que ofrece la IA.

La relación entre la IA y la justicia social es compleja y requiere un análisis continuo. Si bien la IA tiene la capacidad de abordar las desigualdades sociales, también puede profundizarlas si no se controla con cuidado. Al priorizar la equidad, la inclusión y la transparencia, la sociedad puede trabajar para garantizar que las tecnologías de IA sean una fuerza impulsora para abordar la desigualdad social, en lugar de una fuente de mayor dependencia.

4.2. El impacto de la IA en la humanidad

La inteligencia artificial (IA) se ha convertido en una fuerza transformadora en la sociedad actual, influyendo en casi todos los aspectos de la existencia humana, desde la atención médica y la educación hasta el entretenimiento y la comunicación. A medida que las tecnologías de IA siguen mejorando, pueden estar transformando la forma en que trabajamos, interactuamos y comprendemos el entorno que nos rodea. Si bien la IA ofrece numerosas posibilidades de innovación y desarrollo, también plantea profundos interrogantes morales, sociales y psicológicos sobre su impacto en la humanidad.

Uno de los efectos más significativos de la IA en la humanidad es su impacto en el mercado laboral y el futuro del trabajo. Las tecnologías de IA ya han comenzado a automatizar muchas tareas que históricamente realizaban los seres humanos, especialmente en sectores como la producción, la logística y la atención al cliente. Si bien esta automatización puede resultar en una mayor eficiencia y una reducción de costes, también plantea interrogantes sobre la sustitución de procesos y el futuro del empleo. Muchas personas, en particular en puestos menos cualificados o repetitivos, podrían verse expuestas a perder sus empleos a medida que las máquinas y los algoritmos asumen sus responsabilidades. La transición hacia la automatización debería exacerbar la desigualdad de ingresos, ya que quienes ocupan puestos más cualificados o impulsados por generaciones se benefician de los avances de la IA, mientras que otros se enfrentan al desempleo o al subempleo.

Además de las implicaciones financieras, la IA también está cambiando la naturaleza de la interacción humana y las relaciones sociales. Las redes sociales, los motores de búsqueda como Google y las plataformas de asesoramiento basadas en algoritmos de IA se han integrado profundamente en nuestra vida diaria. Estos sistemas configuran la información que consumimos, las personas con las que interactuamos e incluso nuestras opiniones políticas. Si bien la IA puede ayudar a conectar a personas de todo el mundo y ofrecer sugerencias personalizadas, también puede contribuir a la creación de burbujas de diálogo, donde las personas solo se ven expuestas a la información que coincide con sus creencias actuales. Esto puede provocar una mayor polarización, la propagación de desinformación y un declive en la calidad del discurso público.

Además, la IA tiene la capacidad de afectar la cognición y la toma de decisiones humanas. Con el auge de las herramientas impulsadas por IA, como asistentes virtuales, chatbots y sistemas autónomos, los seres humanos dependen cada vez más de las máquinas para realizar tareas que antes estaban dentro del ámbito de la inteligencia humana. Si bien esto puede aumentar la comodidad y la eficiencia, también plantea preguntas sobre cómo nuestra dependencia de la IA podría afectar también nuestras capacidades cognitivas. Por ejemplo, depender de la IA para la toma de decisiones podría reducir nuestra capacidad de pensamiento crítico y resolución de problemas, ya que las personas también pueden llegar a aceptar los juicios de la IA sobre sí mismas. La creciente dependencia de la IA para mediar en nuestras interacciones y decisiones también puede afectar nuestra capacidad para establecer conexiones significativas con los demás, ya que interactuamos cada vez más con máquinas en lugar de con humanos.

El efecto de la IA en la privacidad y la seguridad es otra preocupación crucial. A medida que los sistemas de IA recopilan y analizan grandes cantidades de información personal, incluyendo el comportamiento en línea, las estadísticas clínicas y las interacciones sociales, la posibilidad de uso indebido o abuso de dicha información se convertirá en un gran riesgo. Las estructuras de vigilancia basadas en IA, las tecnologías de reconocimiento facial y el análisis predictivo se están utilizando en diversos sectores, desde la aplicación de la ley hasta la atención médica, lo que plantea inquietudes sobre la erosión del derecho a la privacidad y el potencial de control social basado en la vigilancia. La capacidad de la IA para manipular los movimientos, acciones y preferencias de las personas debería conducir a una sociedad en la que la libertad personal se vea comprometida y las personas sean constantemente monitoreadas y analizadas por máquinas.

Además, las implicaciones éticas de la IA se han vuelto cada vez más complejas a medida que avanza la generación. Los sistemas de IA, en particular los utilizados en entornos de alto riesgo, como la atención médica y la justicia penal, deben tomar decisiones que afecten la vida de las personas. La capacidad de sesgo en los algoritmos de IA, ya sea en diagnósticos médicos, sentencias judiciales o prácticas de contratación, puede perpetuar y exacerbar las desigualdades sociales existentes. La IA tiene la capacidad de reflejar y potenciar los sesgos presentes en la información con la que se entrena, lo que conlleva consecuencias injustas para las comunidades marginadas. Por lo tanto, garantizar la equidad, la responsabilidad y la transparencia en las estructuras de IA es crucial para prevenir prácticas discriminatorias y proteger los derechos de las personas.

La relación entre la IA y la identificación humana es también un área clave de debate. A medida que los sistemas de IA se vuelven más avanzados, la línea entre la inteligencia humana y la inteligencia artificial se difumina cada vez más. El desarrollo de la inteligencia artificial general (IAG) —máquinas con la capacidad de reconocer, estudiar y observar el conocimiento de forma similar a la de los humanos— plantea interrogantes sobre el significado de ser humano. Si los sistemas de IA pueden imitar los enfoques y comportamientos de percepción humanos, ¿transformarán nuestros conocimientos de concentración, organización y personalidad? Esta pregunta existencial abre debates sobre la naturaleza misma de la inteligencia y el papel que la IA debería desempeñar en la sociedad humana.

A pesar de estas preocupaciones, la IA también posee una capacidad excepcional para mejorar el bienestar humano. En el ámbito sanitario, la IA ya se utiliza para facilitar el diagnóstico, el desarrollo de fármacos y la medicina personalizada, ofreciendo la posibilidad de detectar enfermedades con antelación y ofrecer tratamientos más eficaces. En el ámbito educativo, las herramientas basadas en IA pueden ayudar a adaptar las experiencias de aprendizaje a cada estudiante, mejorando los resultados y satisfaciendo las diversas necesidades de los principiantes. La IA también puede potenciar la creatividad al ayudar a artistas, escritores y músicos en sus estrategias creativas, abriendo nuevas posibilidades de expresión e innovación.

Para garantizar que la IA beneficie a la humanidad de forma justa y equitativa, es fundamental abordar su desarrollo e implementación con cautela y previsión. Los responsables políticos, los especialistas en ética, los tecnólogos y el público en general deben participar en debates continuos sobre las implicaciones morales de la IA y trabajar juntos para crear marcos que fomenten la transparencia, la responsabilidad y la equidad. Al priorizar los valores humanos y asegurar que la IA se utilice de maneras que enriquezcan, en lugar de menoscabar, nuestra humanidad, podemos aprovechar el potencial de la IA para crear un mundo más justo, equitativo y compasivo.

A medida que la IA continúa evolucionando y se integra más profundamente en nuestras vidas, su impacto en la humanidad sin duda seguirá desarrollándose. Si bien la IA presenta tanto situaciones desafiantes como posibilidades, a largo plazo, depende de nosotros decidir cómo esta eficaz tecnología moldeará el destino de la civilización humana. Con atención cuidadosa, gestión ética y compromiso con la justicia social, podemos asegurar que la IA sirva como herramienta para un cambio positivo, contribuyendo a crear un mundo más inclusivo, compasivo y próspero para todos.

4.3. El futuro de la justicia con IA

A medida que la inteligencia artificial (IA) se adapta y amplía sus capacidades, influye cada vez más en sectores que históricamente dependen del juicio humano, como el derecho, la gobernanza y la justicia. El futuro de la justicia en un mundo impulsado por la IA ofrece un gran potencial para reformar las estructuras criminales, mejorar la equidad en la toma de decisiones y mejorar el acceso a la justicia. Sin embargo, también plantea importantes interrogantes morales, filosóficos y penales sobre el papel que debe desempeñar la IA para garantizar la justicia y la equidad.

La incorporación de la IA al sistema judicial ya ha comenzado, y algunos países experimentan con herramientas basadas en IA para facilitar el estudio de delitos, la evaluación de casos e incluso la toma de decisiones judiciales. En los próximos años, esperamos que el papel de la IA en la justicia adquiera mayor relevancia. La capacidad de la IA para procesar cantidades considerables de datos a velocidades muy superiores a las humanas ofrece el potencial de decisiones legales más precisas, consistentes y ecológicas. Puede ayudar a agilizar los procesos legales, reducir los retrasos y garantizar una distribución más justa de los recursos, especialmente en estructuras legales sobrecargadas.

Sin embargo, a medida que la IA se integra en los sistemas judiciales, una de las situaciones más urgentes podría ser garantizar que dichas estructuras sean honestas y estén libres de sesgos. Los algoritmos de IA son tan independientes como los hechos con los que se entrenan. Si las estructuras de IA se entrenan con estadísticas legales históricas que contienen sesgos, como los raciales, de género o socioeconómicos, los algoritmos podrían intentar perpetuarlos e incluso exacerbarlos. Por ejemplo, un sistema de IA utilizado en la elaboración de sentencias también podría proponer sanciones más severas para ciertas organizaciones raciales o étnicas si se ha entrenado con datos sesgados de un sistema que históricamente ha sido discriminatorio. El uso de la IA en decisiones tan cruciales podría socavar la confianza pública en el sistema judicial y conducir a consecuencias injustas.

Para evitar sesgos en las estructuras criminales basadas en IA, es fundamental garantizar que los registros utilizados para entrenar estos algoritmos sean consultivos, numerosos y libres de discriminación. Además, la transparencia en los métodos de toma de decisiones de la IA será crucial para responsabilizar a los sistemas y garantizar la equidad. Así como se espera que los jueces humanos expliquen el fundamento de sus decisiones, las estructuras de IA deben proporcionar razones claras y comprensibles para los efectos que producen. Esto permitirá a las personas tomar decisiones y apelar cuando sea necesario, garantizando así la transparencia y la rendición de cuentas del sistema judicial.

La cuestión de la rendición de cuentas se vuelve aún más compleja cuando la IA interviene en los sistemas de toma de decisiones. Si un dispositivo de IA comete un error o promete un resultado injusto, ¿quién es responsable? ¿El desarrollador de la IA, el grupo penal que la implementó o la propia IA? En ausencia de marcos claros de responsabilidad, el uso de la IA en el sistema judicial podría dar lugar a situaciones en las que las personas sean perjudicadas sin posibilidad de recurso, socavando así los principios de justicia y equidad. Establecer marcos legales transparentes que definan la responsabilidad en el uso de la IA es crucial para garantizar que se imparta justicia, incluso si las decisiones las toman máquinas.

Otro aspecto importante del futuro de la justicia con IA es la capacidad de mejorar el acceso a los servicios penales. La IA tiene el potencial de democratizar los servicios legales, haciéndolos más económicos y accesibles para quienes, de otro modo, no podrían costear una representación legal. Las herramientas impulsadas por IA, como los chatbots, los sistemas de asesoramiento penal y los servicios de generación de expedientes, pueden ofrecer asistencia penal accesible y económica a personas de todos los ámbitos. En muchas regiones, las plataformas impulsadas por IA ya se han utilizado para ayudar a las personas a reconocer sus derechos penales, redactar contratos y abordar complejos procesos penales. Estas herramientas tienen el potencial de revolucionar el acceso a la justicia, especialmente en grupos desfavorecidos donde los servicios legales son escasos o prohibitivamente caros.

Además, la IA puede ayudar a mejorar la eficiencia y la equidad de los mecanismos de resolución de disputas. Los sistemas de arbitraje y mediación basados en IA deberían ofrecer soluciones más rápidas, económicas y neutrales que los litigios convencionales, reduciendo la carga de los tribunales y permitiendo a las partes resolver sus disputas con mayor eficacia. Sin embargo, estos sistemas deberían diseñarse con cautela para garantizar que estén libres de sesgos, sean transparentes y puedan tener en cuenta las particularidades de cada caso. A medida que crece el uso de la IA en la resolución de disputas, será crucial equilibrar la eficiencia con la necesidad de juicio humano, empatía y comprensión.

La función de la IA en la justicia restaurativa es otra área que podría experimentar una gran mejora en el futuro. La justicia restaurativa se especializa en reparar el daño y restablecer las relaciones, en lugar de castigar a los infractores. La IA podría utilizarse para investigar registros y ofrecer información que ayude a identificar las causas subyacentes de la delincuencia, como factores socioeconómicos, problemas de salud mental o desigualdad sistémica. Al integrar la IA con las prácticas de justicia restaurativa, existe la posibilidad de crear un enfoque más holístico de la justicia que no solo castigue a los infractores, sino que también aborde las causas subyacentes de la delincuencia y promueva la recuperación tanto de las víctimas como de los infractores.

Sin embargo, el destino de la justicia con IA no siempre está exento de dilemas éticos. Uno de los problemas importantes que debe abordarse es el equilibrio entre el avance tecnológico y los derechos humanos. El creciente uso de la IA en la vigilancia, la vigilancia predictiva y el monitoreo plantea inquietudes sobre la privacidad, las libertades civiles y la capacidad de control autoritario. La integración de la IA en el sistema judicial debe lograrse de manera que respete los derechos humanos, garantice la equidad y evite la extralimitación del poder estatal. Por ejemplo, si bien la IA debería ayudar a prevenir y prevenir la delincuencia, es crucial evitar su uso indebido en estrategias que se dirigen desproporcionadamente a ciertos grupos o violan el derecho a la privacidad de las personas.

Además, a medida que las estructuras de IA se vuelven más sofisticadas, la cuestión de si la IA debería desempeñar un papel en la toma de decisiones judiciales se volverá más compleja. ¿Deberían las máquinas tener la autoridad para tomar decisiones finales en asuntos penales, o deberían seguir siendo herramientas que asistan a jueces y expertos penales humanos? Muchos argumentan que el factor humano en la justicia — empatía, intuición y conocimiento de los valores éticos— es irremplazable. Si bien la IA puede proporcionar información valiosa, la responsabilidad última de las decisiones penales también podría recaer en los humanos para garantizar que la justicia no solo se imparta, sino que parezca impartirse.

En definitiva, el futuro de la justicia con IA está lleno de grandes promesas y desafíos considerables. La IA tiene la capacidad de mejorar el rendimiento, la accesibilidad y la equidad de las estructuras penales, pero solo si se desarrolla e implementa priorizando la justicia, la transparencia y los derechos humanos. A medida que la IA continúa transformando el panorama penitenciario, será crucial crear marcos que aborden las implicaciones morales, penales y sociales de su uso en la justicia. Al equilibrar cuidadosamente las ventajas de la IA con el compromiso de proteger los valores humanos esenciales, podemos garantizar que el futuro de la justicia siga siendo honesto, equitativo y alineado con las necesidades de la sociedad.

4.4. IA y acceso a oportunidades

La inteligencia artificial (IA) configura cada vez más el panorama de oportunidades en diversos sectores, como la formación, el empleo, las finanzas, la sanidad y otros. Su potencial transformador promete democratizar el acceso, personalizar los servicios y abrir nuevas vías para el progreso social y económico. Sin embargo, el papel de la IA a la hora de aumentar o limitar el acceso a las oportunidades es complejo y de doble filo. Si bien las estructuras de IA pueden reducir las limitaciones tradicionales y ampliar las capacidades de las personas, también corren el riesgo de perpetuar o incluso exacerbar las desigualdades existentes si no se diseñan y gestionan de forma inteligente. Este capítulo explora cómo la IA influye en el acceso a las oportunidades, los mecanismos a través de los cuales opera y las consideraciones éticas, sociales y políticas esenciales para garantizar que fomente la inclusión en lugar de la exclusión.

Uno de los métodos más comunes que la IA utiliza para acceder a los candidatos es su integración en las estrategias de reclutamiento y contratación. La revisión automatizada de currículums, el análisis predictivo y los algoritmos de clasificación de candidatos prometen agilizar la selección y reducir el sesgo humano. Estos sistemas pueden analizar rápidamente grandes volúmenes de solicitudes, identificar candidatos cualificados y adaptar las capacidades a los requisitos de las tareas con un rendimiento excepcional. Para los candidatos de organizaciones subrepresentadas o marginadas, la IA tiene el potencial de nivelar el terreno de juego al centrarse en criterios de selección y pruebas basadas en habilidades. Sin embargo, en la práctica, estas estructuras suelen reflejar y reforzar los sesgos históricos presentes en las estadísticas de formación. Por ejemplo, si, además de las decisiones de contratación, se priorizan desproporcionadamente ciertos grupos demográficos, la IA también puede encontrar la manera de reflejar esos patrones, perjudicando sistemáticamente a otros. Este fenómeno puede restringir el acceso a las oportunidades de proceso para mujeres, minorías y candidatos no tradicionales, profundizando así las desigualdades en lugar de mitigarlas.

En la educación, las estructuras de aprendizaje adaptativo impulsadas por IA personalizan la educación mediante el ajuste dinámico del contenido y el ritmo según las necesidades del alumno. Esta tecnología puede brindar a estudiantes de diversos orígenes asistencia personalizada, lo que permite una mayor participación y mejores resultados. Además, la IA puede ampliar el acceso a una educación de calidad en zonas remotas o desatendidas mediante tutorías en línea, traducción de idiomas y calificación automatizada. Estas mejoras mantienen la promesa de democratizar la educación a nivel mundial. Sin embargo, persisten situaciones difíciles. El acceso desigual a la infraestructura digital, las disparidades en la calidad de la información y el riesgo de sesgo algorítmico también pueden impedir la equidad en los beneficios. Además, la dependencia de la IA puede marginar inadvertidamente a los principiantes que no se ajustan a los modelos de aprendizaje conocidos o que requieren mentoría humana más allá de lo que la IA puede ofrecer. Garantizar que la IA mejore, en lugar de reemplazar, a los educadores humanos es fundamental para la equidad de oportunidades.

Las finanzas son otro ámbito en el que la IA transforma el acceso a las oportunidades. Los algoritmos de calificación crediticia basados en IA comparan los paquetes de préstamos con mayor velocidad y precisión, lo que podría ampliar el acceso al crédito a quienes antes estaban excluidos por la pérdida de los registros crediticios convencionales. Las plataformas de microfinanzas impulsadas por IA y las ofertas de banca digital han ampliado la inclusión financiera a decenas de millones de personas en todo el mundo. Sin embargo, la opacidad de algunos modelos de IA plantea problemas de equidad y discriminación. Los factores correlacionados con las características cubiertas, como la ubicación o el tipo de empleo, pueden tener una ponderación injusta, lo que resulta en decisiones crediticias sesgadas. Además, las decisiones algorítmicas también pueden carecer de transparencia, lo que impide a los solicitantes comprender o impugnar las denegaciones. Las políticas que promueven la explicabilidad, las auditorías de equidad y el recurso individual son vitales para garantizar que la IA facilite las oportunidades económicas, en lugar de restringirlas.

El acceso a la atención médica también se ha transformado gracias a la IA, desde sistemas de guía de diagnóstico hasta pautas de tratamiento personalizadas. La IA puede identificar patrones en los datos clínicos para detectar enfermedades de forma más temprana y precisa que con las estrategias tradicionales, mejorando así la atención preventiva y los resultados de los tratamientos. El diagnóstico remoto y la telemedicina, impulsados por la IA, amplían el acceso a la atención médica a las poblaciones rurales y marginadas. Sin embargo, las disparidades en los datos educativos, que reflejan la subrepresentación de las organizaciones, pueden provocar diagnósticos erróneos o una atención inadecuada para las minorías. Además, la brecha digital también puede limitar el acceso a las innovaciones sanitarias basadas en IA para los pacientes económicamente desfavorecidos. Una implementación ética requiere garantizar la disponibilidad de numerosos conjuntos de datos, algoritmos culturalmente adecuados e inversión en infraestructura para subsanar las deficiencias de acceso.

Más allá de estos sectores, la IA influye en el acceso a oportunidades en servicios sociales, asistencia penitenciaria, vivienda e incluso en industrias innovadoras. Las evaluaciones automatizadas de elegibilidad para las solicitudes de asistencia social pueden optimizar la ayuda, pero también pueden excluir a personas vulnerables debido a información errónea o estándares inflexibles. La IA en el análisis penitenciario puede mejorar el acceso a la justicia al apoyar la investigación de casos y la evaluación de registros, pero también podría aumentar las preocupaciones sobre la equidad si las herramientas de apoyo a la toma de decisiones se utilizan sin una supervisión humana adecuada. En el ámbito de la innovación, el contenido y las herramientas generados por IA pueden reducir las barreras de acceso, permitiendo una mayor participación en el arte, la música y la literatura, aunque surgen dudas sobre los recursos intelectuales y la autenticidad.

Fundamentalmente, el efecto de la IA sobre las posibilidades se forma mediante los registros que aprende. Las desigualdades históricas y estructurales presentes en las estadísticas reflejan discriminación sistémica y estratificación social. Si los sistemas de IA se capacitan sin considerar estos sesgos, corren el riesgo de perpetuar la exclusión y la injusticia. Abordar esto requiere la detección proactiva de sesgos, la obtención de información diversa y un seguimiento continuo. Los procedimientos de diseño inclusivos que involucran a las partes interesadas de las comunidades marginadas ayudan a garantizar que los programas de IA reflejen diversas historias y necesidades.

La gobernanza y la legislación desempeñan un papel fundamental en la configuración del acceso equitativo a las oportunidades mediadas por la IA. Los marcos legales que garantizan la no discriminación, exigen transparencia y exigen estudios de impacto ayudan a proteger contra consecuencias perjudiciales. Los estándares de ética estadística, privacidad y responsabilidad algorítmica promueven la equidad. La colaboración entre los sectores público y privado es esencial para desarrollar estrategias que equilibren la innovación con la seguridad de las organizaciones vulnerables.

Las tareas educativas también son esenciales para democratizar los beneficios de la IA. Los programas de alfabetización digital empoderan a las personas para reconocer, cuestionar y aprovechar la tecnología de IA. Las iniciativas de reciclaje profesional y aprendizaje continuo preparan a las poblaciones para las transformaciones del mercado laboral impulsadas por la IA, reduciendo el riesgo de desplazamiento tecnológico. Los esfuerzos para diversificar los grupos de investigación y desarrollo de IA fomentan la competencia cultural y la sensibilidad ética, fomentando estructuras que atienden a un público más amplio.

La IA posee la capacidad transformadora de ampliar el acceso a oportunidades, reducir obstáculos y empoderar a las personas en todos los niveles socioeconómicos. Sin embargo, comprender esta capacidad exige prestar atención a las dinámicas sociotécnicas que configuran su implementación. Abordar los sesgos de datos, garantizar la transparencia, promover un diseño inclusivo y establecer una gobernanza sólida son imperativos para evitar que la IA se convierta en un nuevo vector de exclusión. A medida que las sociedades dependen cada vez más de la IA para generar oportunidades, la tarea no reside solo en la innovación tecnológica, sino en integrar la equidad, la justicia y la dignidad humana en el núcleo de las estructuras de IA. Mediante estos esfuerzos, la IA puede convertirse en una herramienta para el empoderamiento en lugar de la marginación, abriendo nuevos horizontes de oportunidades para todos.

4.5. Equidad algorítmica en los servicios públicos

A medida que la inteligencia artificial se integra cada vez más en la estructura de los servicios públicos, el principio de equidad algorítmica surge como una preocupación importante con profundas implicaciones sociales. Los gobiernos y las instituciones públicas utilizan sistemas impulsados por IA para tomar decisiones en áreas como la distribución de la asistencia social, la justicia penal, la asignación de atención médica, la educación y la protección pública. Si bien estos programas prometen mayor eficiencia, consistencia y escalabilidad, también amenazan con perpetuar o amplificar las desigualdades sociales existentes si no se garantiza cuidadosamente la equidad. Por lo tanto, la equidad algorítmica en los servicios públicos no es solo una misión técnica, sino un imperativo democrático, que implica un proceso integral que entrelaza conceptos éticos, marcos penales, rigor técnico y responsabilidad pública.

Los servicios públicos abarcan esencialmente muchos programas de zonas no públicas, ya que afectan directamente los derechos, las oportunidades y el bienestar de los ciudadanos, a menudo bajo la égida del acuerdo social. Por consiguiente, la imparcialidad de los algoritmos utilizados en estos dominios es fundamental para preservar la confianza pública y defender los estándares de igualdad y justicia. Por ejemplo, los sistemas de evaluación de riesgos del sistema de justicia penal, que requieren que las cifras de reincidencia dicten sentencias de libertad condicional, han sido objeto de escrutinio por incorporar sesgos raciales que afectan de forma desproporcionada a las poblaciones minoritarias. De igual manera, los algoritmos de IA implementados para determinar la elegibilidad para la asistencia social pueden excluir inadvertidamente a personas vulnerables debido a estadísticas incompletas o sesgadas. Estos casos ponen de relieve los efectos tangibles de los algoritmos injustos y subrayan la necesidad de una gobernanza de la IA transparente y equitativa en los sectores públicos.

Definir la equidad en sí misma es una tarea compleja, complicada por la pluralidad de perspectivas normativas e interpretaciones técnicas. Existen diferentes métricas formales de equidad —como la paridad demográfica, la igualdad de oportunidades y la paridad predictiva—, cada una priorizando nociones exclusivas de equidad y estabilidad estadística. Sin embargo, aplicar todos los criterios de equidad simultáneamente es matemáticamente imposible en muchas situaciones reales, lo que genera contradicciones que requieren juicios de valor basados en el contexto social y las expectativas políticas. Por lo tanto, las decisiones sobre qué definiciones de equidad adoptar deben involucrar a las partes interesadas, más allá de los tecnólogos, incluyendo especialistas en ética, criminalistas, grupos afectados y legisladores.

Lograr la equidad algorítmica comienza con una atención cuidadosa a los hechos. Los conjuntos de datos de los servicios públicos suelen reflejar injusticias antiguas, discriminación sistémica y disparidades socioeconómicas. Sin corrección, los modelos de IA educativa basados en dichos registros corren el riesgo de codificar sesgos en la toma de decisiones automatizada. Las iniciativas de curación de datos, que incluyen la detección, el equilibrio y el aumento de sesgos, son necesarias, pero insuficientes por sí solas. Los desarrolladores deben implementar técnicas de aprendizaje automático que tengan en cuenta la equidad y que ajusten los objetivos de entrenamiento de los modelos para mitigar las consecuencias discriminatorias. Algunos ejemplos incluyen la reponderación de muestras, la incorporación de restricciones de equidad y el uso de tácticas de dessesgo hostiles. Sin embargo, estas intervenciones técnicas deben contextualizarse en el proyecto y las responsabilidades penales del servicio público.

La transparencia y la explicabilidad son elementos esenciales para la equidad. La confianza pública depende de la capacidad de comprender cómo funcionan las estructuras de IA y cómo se toman decisiones. Las estrategias de IA explicable (XAI) pueden proporcionar información sobre la importancia de las características, las vías de decisión y las barreras del modelo, lo que permite a los organismos de supervisión y a las personas afectadas evaluar seriamente las reclamaciones de equidad. Además, la transparencia facilita la auditoría y la responsabilidad, permitiendo a los reguladores y a la sociedad civil identificar y abordar las prácticas desleales de forma proactiva.

Los marcos de gobernanza desempeñan un papel importante en la integración de la equidad en la IA en el ámbito público. Los mandatos legales, como el Reglamento General de Protección de Datos (RGPD) de la Unión Europea, establecen los derechos asociados a la toma de decisiones automática, como la transparencia, la impugnabilidad y la no discriminación. Las nuevas directrices específicas para la IA enfatizan cada vez más la equidad como requisito fundamental. Más allá del cumplimiento de la normativa penal, muchos gobiernos establecen directrices éticas, organismos de supervisión independientes y mecanismos participativos para involucrar a la ciudadanía en la formulación de políticas de IA. Estas estructuras institucionales contribuyen a garantizar que la implementación de la IA se ajuste a los valores sociales y los derechos humanos.

Los grupos de áreas públicas también deben cultivar una cultura interna que priorice la equidad. Esto implica capacitar a los profesionales de la IA y a quienes toman decisiones en cuestiones éticas, establecer grupos interdisciplinarios como científicos sociales y especialistas en ética, e integrar controles de equidad en los flujos de trabajo de desarrollo. El seguimiento continuo de las estructuras implementadas es fundamental para detectar cambios en la distribución de registros o disparidades en el rendimiento a lo largo de los años. Los ciclos de retroalimentación que incluyen informes y procedimientos de los usuarios mejoran la capacidad de respuesta y las medidas correctivas.

Además, la equidad en los servicios públicos debe tener en cuenta la interseccionalidad: la forma en que las identidades sociales superpuestas, como la raza, el género, la clase social y la discapacidad, agravan las historias de discriminación. Los algoritmos que pueden ser veraces al evaluarse en función de un solo atributo pueden, sin embargo, tener consecuencias injustas para las empresas en la intersección de múltiples identidades marginadas. Abordar esta complejidad requiere métricas de equidad sofisticadas y análisis multidimensionales, así como la interacción con las experiencias vividas de diversos grupos.

Finalmente, la equidad algorítmica se entrelaza con esfuerzos sociales más amplios para abordar las desigualdades estructurales. Si bien una IA honesta puede mitigar algunos perjuicios, no puede sustituir las normas sociales integrales destinadas a reducir la pobreza, el racismo sistémico y la desigualdad en el acceso a los recursos. La equidad en IA debe formar parte de un enfoque integrado que incluya la educación, las oportunidades económicas y las tareas de justicia social.

Garantizar la equidad algorítmica en las ofertas públicas es una tarea multifacética que requiere innovación tecnológica, un reflejo ético, supervisión legal y participación democrática. A medida que las estructuras de IA influyen cada vez más en la toma de decisiones públicas, la incorporación de salvaguardas de equidad es crucial para proteger los derechos de los ciudadanos, preservar la cohesión social y promover resultados equitativos. Al afrontar estos desafíos de frente, las sociedades pueden aprovechar las ventajas de la IA y, al mismo tiempo, honrar los valores fundamentales que sustentan el servicio público.

CAPÍTULO 5

La IA y el dilema moral

5.1. La confrontación de la IA con dilemas morales

A medida que la inteligencia artificial (IA) continúa avanzando, uno de los desafíos más urgentes que enfrentamos son los dilemas morales que las estructuras de IA también pueden enfrentar. Estos dilemas no solo afectan la programación de las máquinas, sino también la ética misma de la toma de decisiones en contextos donde están en juego vidas, valores y derechos humanos.

Los sistemas de IA no son inherentemente éticos ni inmorales; son equipos construidos por personas capaces de procesar grandes cantidades de datos, identificar patrones y tomar decisiones basadas en algoritmos. Sin embargo, a medida que las estructuras de IA se vuelven más autónomas, se enfrentan a situaciones sin soluciones fáciles. Estas situaciones suelen contener conceptos éticos contradictorios, donde las decisiones tomadas mediante IA deberían tener amplias implicaciones éticas.

El ejemplo más clásico de IA que se enfrenta a un dilema moral proviene del ámbito de los motores autónomos. Imaginemos un vehículo autónomo que se encuentra con un obstáculo inesperado en la carretera. Debería tomar una decisión instantánea: ¿Debería girar para atropellar a una persona, salvando así a los demás, o debería evitar el obstáculo, poniendo sin duda en peligro la vida de sus ocupantes, pero salvando a los que están fuera del vehículo? Este escenario encapsula el clásico "problema del tranvía", un experimento de noción moral que se ha debatido ampliamente en el contexto de la ética de la IA. El problema es complejo, ya que nos obliga a afrontar cuestiones esenciales sobre el utilitarismo, los derechos y el valor de la existencia humana.

Los vehículos autónomos, las estructuras sanitarias, los drones militares y la IA en políticas sociales presentan situaciones en las que la IA debe tomar decisiones que impactan el bienestar humano. En el ámbito sanitario, por ejemplo, una IA podría encargarse de recomendar tratamientos a los pacientes, pero podría enfrentarse a un dilema: un tratamiento es más efectivo para un grupo de pacientes, pero representa un gran riesgo para otro. La toma de decisiones de la IA en estos contextos se vuelve especialmente compleja al considerar los factores humanos de sesgo, privacidad y equidad.

El núcleo del dilema ético que enfrenta el uso de la IA reside en que, con frecuencia, no está preparada para comprender los matices de las emociones, las relaciones y los valores culturales humanos. Si bien una máquina de IA puede analizar datos y esperar resultados con gran precisión, no puede sentir empatía ni comprender el peso emocional de sus decisiones. Esto pone de relieve la importante tensión entre la naturaleza objetiva de los algoritmos y los análisis subjetivos que a menudo fundamentan las decisiones éticas.

Además, la toma de decisiones de la IA es tan eficaz como la información con la que se entrena. Si los datos que procesa presentan sesgos, estos necesariamente se tendrán en cuenta en sus decisiones. Esto crea un dilema moral, ya que un dispositivo de IA podría querer perpetuar desigualdades o discriminar a ciertas empresas sin intención humana. Abordar estos sesgos es fundamental para garantizar que la IA no cause daño ni fomente desigualdades sociales accidentalmente, sino que también ofrece un proyecto sobre cómo garantizar la equidad en el aprendizaje automático de algoritmos.

A medida que las estructuras de IA se integran en sectores cada vez más complejos de la sociedad, es probable que se agraven los dilemas éticos que enfrentan. La tarea no se limita a garantizar que las estructuras de IA tomen decisiones que se ajusten a nuestros valores morales, sino también a determinar quién es responsable cuando los sistemas de IA toman decisiones perjudiciales o poco éticas. ¿Deberían rendir cuentas los creadores de estas estructuras? ¿O debería la propia IA asumir la responsabilidad de sus acciones, en particular en caso de daños accidentales?

Estas cuestiones de responsabilidad y organización moral nos llevan al problema fundamental de la función de la IA en la sociedad. ¿Debería considerarse la IA simplemente como una herramienta que apoya la toma de decisiones humanas, o debería identificarse como una entidad independiente capaz de tomar decisiones morales? Esta cuestión filosófica sigue siendo objeto de intenso debate, especialmente a medida que las estructuras de IA se vuelven más avanzadas y capaces de tomar decisiones con efectos de gran alcance.

La confrontación entre la IA y los dilemas morales plantea profundas preguntas sobre el destino de la era y la ética. A medida que los sistemas de IA se adaptan, debemos abordar cómo queremos que las máquinas se desenvuelvan en entornos morales complejos y cómo, como sociedad, podemos garantizar que las decisiones de la IA se ajusten a nuestros estándares éticos colectivos. Este diálogo continuo determinará la función de la IA en nuestras vidas y determinará el marco moral en el que se desenvuelven estas tecnologías.

5.2. IA y seguridad humana

A medida que las estructuras de inteligencia artificial (IA) se incorporan cada vez más a diversos sectores, uno de los problemas críticos es su efecto en la protección humana. Este problema abarca tanto a los estados-nación físicos como a los digitales, en los que la participación de la IA puede presentar riesgos, además de oportunidades para proteger a las personas, las sociedades y los países. La intersección de la IA y la protección humana plantea interrogantes cruciales sobre cómo garantizar que los sistemas de IA protejan, en lugar de amenazar, el bienestar humano en todos los contextos.

La capacidad de la IA para mejorar la seguridad humana es enorme. En campos como la salud, las fuerzas del orden, la protección y la respuesta ante desastres, las tecnologías de IA ofrecen capacidades extraordinarias para anticipar, proteger y mitigar amenazas. Por ejemplo, en protección pública, los sistemas de vigilancia basados en IA pueden analizar grandes cantidades de datos para detectar posibles actividades delictivas o identificar amenazas emergentes, previniendo potencialmente daños antes de que ocurran. De igual manera, el papel de la IA en la ciberseguridad, donde se utiliza para detectar y responder a intereses maliciosos en tiempo real, es fundamental para la protección contra un número cada vez mayor de ciberamenazas.

En el ámbito sanitario, la IA también se utiliza para mejorar la protección mediante la optimización de los diagnósticos, la precisión de los tratamientos y la eficacia de las respuestas a emergencias. Por ejemplo, las estructuras impulsadas por IA pueden detectar patrones en la información clínica que podrían pasar desapercibidos para los profesionales humanos, lo que permite la detección temprana de enfermedades y, en última instancia, mejora los resultados de los pacientes. La capacidad de la IA para predecir y modelar posibles brotes de enfermedades o crisis sanitarias es otro aspecto en el que puede proteger la seguridad humana a escala global.

A pesar de estas ventajas, el auge de la IA presenta riesgos sustanciales para la protección humana, especialmente cuando las estructuras de IA se utilizan incorrectamente, están mal diseñadas o fallan. Una de las preocupaciones más inmediatas es la militarización de la IA. Los drones autónomos, los sistemas de armas independientes y las tecnologías navales impulsadas por IA tienen el potencial de alterar el panorama del combate, creando nuevos riesgos tanto para los combatientes como para los civiles. La capacidad de la IA para tomar decisiones en situaciones de vida o muerte sin supervisión humana plantea profundos problemas éticos y de seguridad, especialmente en lo que respecta a las responsabilidades y la posibilidad de una escalada imprevista en zonas de conflicto.

Los sistemas de IA, debido a su complejidad, también son susceptibles al hackeo y la manipulación. Un sistema de IA comprometido podría ser pirateado y causar estragos en infraestructuras vitales, desde redes eléctricas hasta sistemas de transporte, poniendo sin duda en peligro millones de vidas. Estos ataques podrían provocar la interrupción de servicios esenciales, comprometiendo la seguridad y la estabilidad de las personas en las zonas afectadas. La vulnerabilidad de los sistemas de IA a los ciberataques subraya la importancia de la ciberseguridad para salvaguardar la seguridad humana. A medida que las estructuras de IA se familiarizan con sectores cruciales como la electricidad, el comercio electrónico y el transporte, su resiliencia a los ataques se vuelve crucial para mantener el bienestar social.

En el ámbito digital, el papel de la IA en la vigilancia y la recopilación de información también plantea interrogantes sobre la privacidad y las libertades civiles. Si bien la IA puede mejorar la protección mediante la vigilancia de amenazas, también puede vulnerar los derechos de las personas si se utiliza indebidamente. En regímenes autoritarios, por ejemplo, la vigilancia basada en IA puede utilizarse para detectar y reprimir la disidencia, lo que supone una amenaza para las libertades privadas y la estabilidad social. Garantizar que el uso de la IA en la vigilancia sea ético y transparente, con las salvaguardias adecuadas para proteger la privacidad, es fundamental para equilibrar la necesidad de protección con la protección de los derechos de las personas.

El potencial de la IA para la toma de decisiones, si bien se aplica a situaciones de alto riesgo como la respuesta a emergencias, también puede plantear situaciones complejas. En situaciones de desastre, la IA puede utilizarse para clasificar pacientes, asignar recursos o controlar las labores de evacuación. Sin embargo, la dependencia de las estructuras de IA para tomar decisiones que afectan la vida humana aumenta las preocupaciones sobre la equidad, la transparencia y la responsabilidad. Si un sistema de IA tomara una decisión errónea o sesgada, podría tener efectos que alteren la vida de las personas, lo que dificultaría los esfuerzos para garantizar la seguridad de las poblaciones vulnerables.

Además, el creciente papel de la IA en dispositivos personales y tecnologías inteligentes ha generado nuevos riesgos para la seguridad humana. Desde asistentes activados por voz hasta vehículos autónomos, los dispositivos con IA recopilan constantemente datos sobre las acciones, posibilidades y comportamiento de las personas. Si bien estos datos pueden mejorar los estudios de las personas y la protección, también crean nuevas vulnerabilidades. La información personal puede ser explotada con fines maliciosos, como el robo de identidad, o utilizada para manipular el comportamiento mediante campañas de información errónea dirigidas. A medida que las personas dependen cada vez más de las estructuras de IA para sus actividades diarias, proteger esta información de filtraciones o usos indebidos es vital para mantener la seguridad personal.

La capacidad de la IA para mejorar la seguridad también debe sopesarse frente a su potencial para crear nuevas formas de desigualdad. El acceso a la tecnología de seguridad impulsada por IA podría beneficiar desproporcionadamente a ciertas agencias, dejando a otras más vulnerables a las amenazas a la seguridad. Por ejemplo, las estructuras de vigilancia avanzadas podrían utilizarse predominantemente en regiones más ricas o desarrolladas, dejando a los grupos marginados con menor cobertura. De igual manera, la distribución desigual de las ventajas de la IA en la atención médica o la educación podría exacerbar las disparidades existentes en el acceso a servicios esenciales, socavando los esfuerzos para promover la seguridad humana a nivel mundial.

Abordar estos riesgos requiere un método multifacético que involucra a gobiernos, industrias y agencias globales. Desarrollar marcos globales para el uso responsable de la IA, garantizar la transparencia en su diseño e implementación, y mantener las estructuras de IA responsables de sus movimientos son clave para asegurar que la IA contribuya positivamente a la seguridad humana. Además, integrar consideraciones éticas en la mejora de las tecnologías de IA es crucial para frenar el uso indebido y minimizar la posibilidad de daños.

El papel de la IA en la seguridad humana ofrece amplias posibilidades y desafíos. A medida que la IA continúa adaptándose, es fundamental que ampliemos las estrategias para aprovechar su potencial y, al mismo tiempo, abordar los riesgos que plantea. El futuro de la seguridad humana dependerá no solo de los avances tecnológicos, sino también de la eficacia con la que afrontemos los desafíos éticos, políticos y sociales que acompañan al auge de la IA. Al vincular la IA con el compromiso de salvaguardar la dignidad, la privacidad y los derechos humanos, podemos garantizar que la IA sirva como motor de justicia, mejorando la protección y minimizando los daños.

5.3. El papel de la IA en la sociedad

La creciente presencia de la inteligencia artificial (IA) en la sociedad marca un cambio transformador en la forma en que se caracterizan los individuos, los grupos y las instituciones. La IA ya ha demostrado su capacidad para transformar numerosos sectores, desde la atención médica hasta el transporte, la educación, el entretenimiento e incluso la gobernanza. Sin embargo, las implicaciones más profundas de la posición de la IA en la sociedad van más allá de sus capacidades tecnológicas y plantean preguntas esenciales sobre su impacto en los sistemas sociales, las relaciones y las normas culturales.

En el centro de la función social de la IA se encuentra su capacidad para impulsar niveles excepcionales de rendimiento e innovación. En el mundo empresarial, las estructuras de IA permiten a los equipos automatizar procesos, optimizar la atención al cliente y optimizar la toma de decisiones. La capacidad de la IA para analizar grandes conjuntos de datos de forma rápida y precisa permite el desarrollo de estrategias y soluciones más eficaces. A medida que las industrias siguen adoptando la IA, aumenta la capacidad de crecimiento económico y la productividad, pero también el riesgo de una disrupción significativa. Los empleos en los sectores tradicionales pueden verse transformados por la automatización, lo que genera un cambio en el mercado laboral y exige una reevaluación de las estructuras de personal.

Si bien la IA tiene la capacidad de impulsar la productividad, también aumenta la preocupación por el desempleo y la desigualdad de ingresos. La automatización de las responsabilidades habituales en sectores como la producción, el transporte y el comercio minorista amenaza con desplazar a millones de personas, especialmente a quienes ocupan puestos de baja cualificación. Si bien la IA puede crear nuevas oportunidades en campos centrados en la tecnología, la transición no será sencilla para quienes no puedan transferir sus habilidades al sistema económico impulsado por la IA. En consecuencia, la sociedad se enfrenta a la misión de garantizar que los empleados desplazados por el uso de tecnologías de IA tengan oportunidades de reciclaje y desarrollo de habilidades para mantenerse relevantes en un mercado laboral en constante evolución.

El impacto social de la IA se extiende al ámbito de la privacidad y las libertades personales. Los sistemas de IA están cada vez más integrados en la vida cotidiana, desde los dispositivos inteligentes hasta las redes de vigilancia. Estas tecnologías pueden mejorar la comodidad y mejorar la seguridad, pero también aumentan la preocupación por la erosión de la privacidad. La gran cantidad de información privada que recopilan los sistemas de IA puede explotarse con fines comerciales, lo que podría comprometer la información personal y la autonomía de las personas. Además, el uso de la IA en la vigilancia, ya sea por parte de gobiernos o empresas privadas, plantea cuestiones éticas sobre el equilibrio entre seguridad y privacidad. El debate actual sobre la propiedad de los datos, el consentimiento y las prácticas de vigilancia es fundamental para comprender el papel de la IA en la configuración de las normas y valores sociales.

Además, la integración de la IA en la gobernanza y la aplicación de la normativa plantea nuevas exigencias en materia de rendición de cuentas, sesgo e imparcialidad. Los sistemas de IA utilizados en la justicia penal, por ejemplo, tienen el potencial de optimizar las operaciones y mejorar el rendimiento. Sin embargo, estos sistemas no son inmunes a los sesgos, y su uso en los sistemas de toma de decisiones puede perpetuar las desigualdades existentes. Los algoritmos de vigilancia predictiva, por ejemplo, también podrían centrarse de forma desproporcionada en las comunidades minoritarias, lo que refuerza las divisiones sociales. Garantizar que la tecnología de IA se implemente de forma equitativa y transparente es fundamental para prevenir la discriminación y fomentar la confianza en las estructuras impulsadas por la IA.

La función de la IA en la configuración de las interacciones sociales es otro factor vital de su impacto en la sociedad. Las estructuras de las redes sociales, impulsadas por algoritmos de IA, influyen en la información a la que se exponen las personas, moldeando la opinión pública y el discurso político. Si bien las estructuras de recomendación de contenido impulsadas por IA tienen la capacidad de seleccionar historias personalizadas, también plantean inquietudes sobre la propagación de desinformación y la amplificación de las cámaras de eco. La facilidad con la que la IA puede generar y distribuir contenido en línea presenta nuevos riesgos de manipulación, desde deepfakes hasta noticias falsas, lo que socava la confianza en las fuentes de información. El objetivo de la sociedad es garantizar que el impacto de la IA en el discurso público se controle de forma que promueva la difusión de información veraz y, al mismo tiempo, reduzca la difusión de contenido dañino.

El efecto de la IA en la cohesión social se extiende al ámbito de la salud, la educación y los servicios sociales. En el ámbito sanitario, la tecnología de IA permite diagnósticos más precisos, planes de tratamiento personalizados y un mejor acceso a la atención hospitalaria. Los equipos impulsados por IA pueden analizar datos científicos para identificar estilos y anticipar resultados, lo que ayuda a los médicos a tomar decisiones informadas. Si bien las contribuciones de la IA a la atención sanitaria son, en gran medida, excelentes, aún existen dificultades para garantizar la equidad en el acceso a estas tecnologías, especialmente en comunidades marginadas o desatendidas. La adopción de la IA en la atención sanitaria podría exacerbar las disparidades existentes si no se controla con cautela, limitando el acceso a una atención superior para las poblaciones vulnerables.

De igual manera, el papel de la IA en la educación es prometedor para el aprendizaje personalizado y las consecuencias educativas avanzadas. Los sistemas impulsados por IA pueden evaluar el desarrollo de los estudiantes, identificar áreas de mejora y adaptar las clases a las necesidades individuales. Si bien estas innovaciones tienen la capacidad de transformar la educación, también plantean inquietudes sobre la estandarización de los informes de aprendizaje y el refuerzo de sesgos en los modelos algorítmicos. Garantizar que la IA en la educación esté diseñada para mejorar la diversidad y la inclusión, en lugar de reforzar las desigualdades existentes, es fundamental para garantizar un impacto positivo en los estudiantes.

Las implicaciones culturales de la función de la IA en la sociedad también son profundas. A medida que los sistemas de IA se vuelven más avanzados, ponen a prueba las nociones tradicionales de creatividad, autoría e ingenio humano. En campos como el arte, la música y la literatura, las obras generadas por IA ya están ampliando los límites de la creatividad. Sin embargo, surge la pregunta: ¿quién posee los derechos de las obras generadas por IA? ¿Puede una máquina considerarse un artista, o la creatividad es inherentemente humana? El debate en torno a la posición de la IA dentro de las industrias innovadoras plantea complejas preguntas sobre la propiedad intelectual, la originalidad y la naturaleza de la expresión creativa. A medida que la IA continúa desempeñando un papel más importante en la producción cultural, la sociedad debe abordar estas cuestiones y redefinir su comprensión de la creatividad.

Además de su impacto cultural, el rol social de la IA está entrelazado con consideraciones morales más amplias. A medida que las estructuras de IA benefician la autonomía, la dificultad de la rendición de cuentas cobra cada vez mayor importancia. ¿Quién es responsable cuando una máquina de IA toma una decisión que perjudica a las personas o a la sociedad? ¿Deberían responsabilizarse los creadores, los clientes o la propia máquina de IA? Estas preguntas son cruciales para garantizar que la integración de la IA en la sociedad se logre de forma responsable y ética. El desarrollo de marcos para la responsabilidad y la gobernanza de la IA es vital para mantener la confianza en los sistemas de IA y garantizar que su implementación se ajuste a los valores e ideas sociales.

El papel de la IA en la sociedad deberá adaptarse a medida que las tecnologías mejoren y sus aplicaciones se expandan. Las exigentes situaciones que plantea son multifacéticas y requieren una reflexión y atención minuciosas en cada etapa de su desarrollo e implementación. Desde garantizar la equidad en los beneficios de la IA hasta gestionar su impacto en la privacidad, el empleo y la cohesión social, la sociedad debe participar activamente en la definición de su futuro. Al fomentar el diálogo, desarrollar principios éticos y priorizar los valores centrados en el ser humano, podemos abordar las complejidades del papel de la IA en la sociedad y avanzar hacia un futuro en el que sus beneficios se compartan ampliamente y sus riesgos se gestionen eficazmente.

5.4. Explorando el potencial de doble uso de la IA

La inteligencia artificial se encuentra en la encrucijada de posibilidades extraordinarias y azares complejos. Su naturaleza de doble uso —donde una misma tecnología puede aprovecharse tanto para fines beneficiosos como perjudiciales— plantea una tarea compleja para desarrolladores, legisladores y la sociedad en general. Por un lado, la IA ofrece respuestas transformadoras en los ámbitos de la salud, la monitorización ambiental, la educación y la empresa. Por otro lado, puede ser utilizada como arma, indebidamente para la vigilancia y el control, o causar daños inadvertidamente mediante resultados accidentales. Explorar el potencial de doble uso de la IA requiere una comprensión matizada de sus capacidades, una gobernanza vigilante, una previsión ética y marcos globales de colaboración para maximizar los beneficios y mitigar los riesgos.

La idea de la era del uso dual no es nueva; la energía nuclear, la biotecnología y la criptografía han encarnado esta paradoja desde hace mucho tiempo. Sin embargo, la rápida evolución y la amplia aplicabilidad de la IA amplían los desafíos. Por ejemplo, los algoritmos de aprendizaje automático que permiten avances en el diagnóstico clínico también pueden reutilizarse para desarrollar armas autosuficientes o ciberataques de vanguardia. Las tecnologías de deepfake que democratizan la creación de contenido y el arte pueden facilitar simultáneamente la desinformación, el fraude y la manipulación política. Las estructuras autónomas diseñadas para la logística y el transporte pueden adaptarse para drones militares o dispositivos de vigilancia. Esta dualidad dificulta los esfuerzos para gestionar el desarrollo y la implementación de la IA sin frenar la innovación.

Una tarea central reside en el problema de distinguir honestamente los programas de IA benignos de los maliciosos. A diferencia de las armas convencionales, la IA se basa en software y suele construirse sobre estructuras de código abierto accesibles globalmente. Sus componentes (algoritmos, conjuntos de datos, capacidad de cómputo) pueden combinarse y modificarse rápidamente. Esta flexibilidad dificulta el diseño e implementación de controles de exportación y medidas regulatorias. Además, el ritmo de la investigación y despliegue de la IA supera la velocidad de la formulación de políticas, lo que crea lagunas regulatorias que actores maliciosos también podrían explotar. Por consiguiente, las estrategias de gobernanza deben equilibrar las preocupaciones de seguridad con la apertura y la innovación, evitando regulaciones excesivamente restrictivas que impidan usos beneficiosos.

Los marcos éticos enfatizan la obligación de los investigadores y las organizaciones de IA de asumir los riesgos de doble uso durante las etapas de diseño y desarrollo. Principios como la "innovación responsable" y los "métodos de precaución" sugieren integrar mecanismos de seguridad, transparencia y supervisión humana para prevenir el uso indebido. Por ejemplo, los desarrolladores pueden implementar controles de acceso, sistemas de monitoreo y restricciones de uso para modelos de IA sensibles. La privacidad diferencial y los sistemas de aprendizaje federado protegen la confidencialidad de los datos, reduciendo el riesgo de explotación. Los foros de revisión ética y los sistemas de gobernanza interna pueden examinar los proyectos para detectar posibles consecuencias de doble uso, fomentando un estilo de vida de desarrollo responsable de la IA.

A nivel de políticas, la cooperación global es esencial. La naturaleza ilimitada de la IA requiere marcos de colaboración similares a los tratados de no proliferación nuclear o de armas biológicas. Las instituciones multilaterales, como las Naciones Unidas, la OCDE y los organismos especializados en gobernanza de la IA, desempeñan un papel fundamental en el fomento del diálogo, el establecimiento de normas y la coordinación de la supervisión. Los requisitos compartidos en materia de transparencia, seguridad y ética pueden armonizar los esfuerzos internacionales, minimizando los riesgos de una carrera armamentística o un uso indebido de la IA. Sin embargo, las rivalidades geopolíticas y las diferentes aficiones nacionales dificultan la creación de consenso, lo que subraya la necesidad de medidas que fomenten la reflexión y la participación inclusiva.

Las situaciones exigentes de IA de doble uso también requieren capacidades robustas de detección y reacción. Las infraestructuras de ciberseguridad deben evolucionar para comprender y mitigar las amenazas impulsadas por la IA, como el hackeo informático, la manipulación de datos o las campañas de información errónea. Los gobiernos y el sector privado deben invertir en el intercambio de inteligencia sobre amenazas, equipos de respuesta rápida y herramientas de defensa basadas en IA. Simultáneamente, las campañas de transparencia y concienciación pública pueden capacitar a los usuarios para reconocer y resistir el contenido o las manipulaciones maliciosas generadas por la IA.

Otra medida es el impacto sociopolítico de la IA de doble uso. La tecnología de vigilancia basada en reconocimiento facial y evaluación de conducta, si bien se implementa en regímenes autoritarios, también podría reprimir la disidencia y violar los derechos humanos. Por otro lado, si se regula adecuadamente, estos equipos pueden mejorar la seguridad pública y la eficacia de las fuerzas del orden en sociedades democráticas. Equilibrar los beneficios de protección con las libertades civiles requiere sólidas garantías penitenciarias, supervisión y mecanismos de reparación.

La investigación sobre la seguridad y la alineación de la IA aborda las preocupaciones a largo plazo sobre el uso dual. Garantizar que los sistemas de IA, cada vez más independientes, actúen conforme a los valores e intenciones humanos es fundamental para evitar usos indebidos o lesiones catastróficas. Esto incluye el desarrollo de métodos de interpretabilidad, arquitecturas a prueba de fallos y técnicas de alineación de tarifas. Las inversiones en estudios de protección de la IA, respaldadas por los sectores público y privado, ayudan a anticipar y mitigar los riesgos existenciales asociados con las competencias avanzadas en IA.

El sector privado desempeña un papel vital en la gestión de los desafíos del doble uso. Las agencias tecnológicas, las startups y las instituciones de investigación tienen un gran impacto en las trayectorias de la IA. La autodeterminación de la industria, los consejos éticos y las iniciativas colaborativas como la Alianza para la IA demuestran esfuerzos para gestionar los riesgos del doble uso de forma responsable. Sin embargo, las presiones industriales y las dinámicas agresivas a veces dificultan la prevención, lo que exige informes transparentes, la participación de las partes interesadas y mecanismos externos de rendición de cuentas.

Gestionar la capacidad de doble uso de la IA exige una técnica integrada que combine previsión moral, salvaguardias técnicas, innovación política, cooperación global y participación ciudadana. El objetivo no es detener el desarrollo de la IA, sino orientarla hacia fines beneficiosos, al tiempo que se abordan proactivamente los riesgos. El éxito depende de reconocer la naturaleza inseparable de las oportunidades y los riesgos en la tecnología de la IA y de comprometerse con una gestión compartida que proteja el futuro colectivo de la humanidad. Mediante la vigilancia, la colaboración y un movimiento basado en principios, la sociedad puede aprovechar la promesa de la IA y, al mismo tiempo, protegerse contra su uso indebido.

5.5. La IA y el futuro de los valores humanos

A medida que los sistemas de inteligencia artificial se integran cada vez más en la vida cotidiana, la pregunta de cómo la IA moldeará —y será moldeada mediante— los valores humanos es apremiante y profunda. Los valores humanos abarcan un amplio espectro de principios éticos, normas culturales, sensibilidades emocionales y prioridades sociales que definen a las sociedades y a las personas. La interacción entre la IA y estos valores no es unidireccional; se trata de una relación dinámica y evolutiva en la que las tecnologías de IA influyen en los comportamientos y las decisiones humanas, mientras que los valores humanos guían el diseño, la implementación y la regulación de la IA. Comprender esta compleja interacción es crucial para garantizar que el desarrollo de la IA se alinee con las aspiraciones colectivas de la humanidad y promueva un futuro donde la tecnología complemente, en lugar de erosionar, nuestros valores fundamentales.

En el centro de este discurso se encuentra el reconocimiento de que los sistemas de IA no poseen valores ni enfoques intrínsecos; su comportamiento refleja los objetivos, los hechos y las alternativas de diseño inculcados por los creadores humanos. Sin embargo, a medida que la IA participa cada vez más en la toma de decisiones —desde las directrices sanitarias hasta los exámenes judiciales, desde la selección de contenido en redes sociales hasta los vehículos autónomos—, su influencia en las normas sociales, la autonomía individual y las prácticas culturales se intensifica. Esto plantea preguntas importantes: ¿Qué valores humanos debería priorizar la IA? ¿Cómo se pueden codificar en algoritmos valores diversos, y a veces contradictorios? ¿Y cómo transformará la adopción masiva de la IA la comprensión colectiva de la justicia, la privacidad, la empatía y la identidad?

Uno de los principales problemas es la alineación de costos: la tarea de garantizar que los sistemas de IA funcionen en consonancia con los valores humanos. Una desalineación puede tener consecuencias perjudiciales, injustas o ajenas a las expectativas sociales. Por ejemplo, la IA que optimiza únicamente el rendimiento en la asignación de ayuda sanitaria puede, además, ignorar la equidad y la compasión, perjudicando desproporcionadamente a las poblaciones vulnerables. Los investigadores están desarrollando marcos y metodologías para codificar valores explícitamente en los sistemas de IA, mediante técnicas que incluyen la programación de restricciones éticas, el control de deseos y estrategias de diseño participativo que incluyen la participación de las partes interesadas. Sin embargo, el pluralismo de tarifas —donde culturas o personas diferentes mantienen valores divergentes— complica la alineación genérica, lo que requiere modelos de IA adaptables y sensibles al contexto.

La privacidad representa un derecho humano esencial, cada vez más cuestionado por el uso de la IA. Las capacidades de vigilancia impulsadas por el procesamiento de información de la IA pueden erosionar la autonomía y el anonimato de las personas, lo que podría socavar la confianza en las instituciones y las relaciones interpersonales. El futuro de la privacidad en un mundo impulsado por la IA depende de cómo las sociedades negocian los equilibrios entre protección, conveniencia y confidencialidad. Conceptos como la "privacidad a través del diseño" y marcos sólidos de gobernanza de la información buscan integrar el respeto por la privacidad en los sistemas de IA desde su concepción, lo que refleja el compromiso de preservar la dignidad humana en el contexto del desarrollo tecnológico.

La justicia y la equidad son valores humanos fundamentales profundamente afectados por la IA. Su implementación en las fuerzas del orden, la calificación crediticia, la contratación y los servicios sociales pone de relieve el riesgo de perpetuar sesgos sistémicos mediante la toma de decisiones algorítmica. Garantizar que la IA respete la equidad implica no solo soluciones técnicas —como la mitigación de sesgos y la transparencia—, sino también esfuerzos sociales más amplios para abordar las desigualdades estructurales. Además, la interpretabilidad de la IA afecta la percepción de justicia: los seres humanos exigen explicaciones para las decisiones que afectan sus vidas, vinculando la equidad con la responsabilidad y la confianza.

El futuro de la empatía y la conexión emocional también se enfrenta a una transformación a través de la IA. Los robots sociales, los asistentes digitales y los sistemas de computación afectiva están diseñados para reconocer, simular o responder a los sentimientos humanos. Si bien estas tecnologías pueden brindar compañía y asistencia, también plantean interrogantes sobre la autenticidad y la naturaleza de las relaciones humanas. ¿La dependencia de la IA modificará los comportamientos sociales o disminuirá la empatía entre personas? Equilibrar la facilitación tecnológica del bienestar emocional con el mantenimiento de la interacción humana real es una frontera ética clave.

El efecto de la IA sobre la identificación y la autonomía introduce una complejidad similar. Los algoritmos personalizados configuran la información que consumen las personas, lo que podría reforzar las cámaras de eco y afectar la autopercepción. La capacidad de la IA para generar medios artificiales exige nociones de realidad y creencias, con implicaciones para las narrativas culturales y la memoria colectiva. Además, el papel de la IA en el desarrollo de las capacidades humanas —mediante interfaces cerebro-computadora o la mejora cognitiva— plantea interrogantes filosóficos sobre los límites de la identidad humana y la empresa.

La gobernanza y el derecho desempeñan un papel fundamental en la integración de los valores humanos en el destino de la IA. Las directrices éticas, los marcos legales y los estándares deben replicar el consenso social, permitiendo a la vez flexibilidad para la innovación y la diversidad cultural. Los métodos participativos con la sociedad civil, las empresas marginadas y los profesionales interdisciplinarios contribuyen a garantizar que la IA respete los valores pluralistas y mitigue los riesgos de exclusión o daño.

La educación y la participación pública son igualmente cruciales para cultivar el conocimiento compartido y la toma de decisiones informada sobre el papel de la IA en la sociedad. Capacitar a las personas con conocimientos de IA permite una reflexión importante sobre las ventajas y los desafíos de la era actual, fomentando el control democrático sobre las trayectorias de la IA.

El destino de los valores humanos en la era de la IA no está predeterminado ni es estático. Se moldeará mediante el diálogo, la negociación y el modelo continuos entre tecnólogos, legisladores y la sociedad en general. Al integrar deliberadamente la ética y la sensibilidad cultural en el desarrollo de la IA, la humanidad puede guiar estas poderosas herramientas hacia la mejora de la dignidad, la justicia, la empatía y la libertad. De este modo, la IA se convierte no solo en una innovación tecnológica, sino en un socio en la empresa colectiva del desarrollo humano.

CAPÍTULO 6

IA y derechos humanos

6.1. El impacto de la IA en los derechos humanos

El auge de la Inteligencia Artificial (IA) ha dado paso a una nueva generación de mejoras tecnológicas que prometen revolucionar numerosos aspectos de la sociedad. Sin embargo, a medida que estas tecnologías se adaptan, las preguntas sobre su impacto en los derechos humanos se vuelven cada vez más urgentes. La capacidad de la IA para transformar las industrias, la gobernanza e incluso la vida cotidiana agrava las complejas situaciones éticas, penales y sociales.

Una de las mayores preocupaciones sobre el efecto de la IA en los derechos humanos es su impacto en la privacidad. Las tecnologías impulsadas por IA, especialmente en forma de sistemas de vigilancia, minería de datos y reconocimiento facial, pueden comprometer el derecho a la privacidad de las personas. La capacidad de la IA para analizar grandes cantidades de datos personales, a menudo sin consentimiento expreso, ha suscitado debates sobre la erosión de la privacidad en la era digital. Gobiernos y empresas utilizan cada vez más herramientas de IA con fines de vigilancia, lo que podría vulnerar el derecho de las personas a mantener la privacidad de sus datos personales.

La amplia implementación de sistemas de vigilancia con IA, incluyendo la popularidad de las imágenes faciales en espacios públicos, ha suscitado inquietudes sobre el "panopticismo digital". Esto se refiere a la idea de que la IA permite la vigilancia constante de individuos, convirtiendo a poblaciones enteras en objeto de escrutinio. Si bien quienes defienden estas tecnologías argumentan que son esenciales para la protección pública y la prevención del delito, quienes las critican sostienen que permiten a gobiernos y grupos autoritarios ejercer un control sobre los residentes de formas sin precedentes.

La misión, entonces, reside en equilibrar la necesidad de seguridad y comodidad con la protección de los derechos humanos fundamentales. A medida que la IA continúa expandiéndose, es importante implementar políticas locales para garantizar que la privacidad no se sacrifique indebidamente en aras del rendimiento o la seguridad.

El impacto de la IA en la libertad de expresión es otro ámbito en el que los derechos humanos están en riesgo. Las plataformas de redes sociales, las tiendas de información e incluso los motores de búsqueda utilizan cada vez más la IA para seleccionar contenido, recomendar artículos y fomentar debates. Si bien estas herramientas pueden mejorar la experiencia del usuario, también pueden limitar la cantidad de información e ideas accesibles al público.

Las estructuras de moderación de contenido impulsadas por IA, por ejemplo, también pueden censurar inadvertidamente el discurso político válido o reprimir la disidencia. Los algoritmos que utilizan estas estructuras suelen ser opacos y pueden verse influenciados por sesgos inherentes a su diseño. Cuando las estructuras de IA marcan o eliminan contenido basándose en criterios imprecisos o sin supervisión humana, se puede negar a las personas el derecho a expresar libremente sus opiniones, especialmente si dichas críticas contradicen las normas políticas, culturales o sociales imperantes.

Además, la capacidad de la IA para manipular los medios de comunicación mediante deepfakes y contenido sintético plantea amenazas adicionales a la integridad del discurso público. Las campañas de desinformación impulsadas por contenido generado por IA pueden perturbar las elecciones, incitar a la violencia o generar confusión. En tales casos, los derechos humanos relacionados con la libertad de expresión y el acceso a información precisa pueden verse gravemente socavados.

Para mitigar estos riesgos, es necesario un análisis cauteloso de cómo se utiliza la IA para controlar y manipular los datos. Garantizar la protección de la libertad de expresión en un mundo impulsado por la IA requiere transparencia, rendición de cuentas y el compromiso de frenar el uso indebido de la IA con fines de censura.

Otro ámbito esencial donde la IA se relaciona con los derechos humanos es el de la igualdad y la discriminación. Los sistemas de IA están diseñados para aprender de grandes conjuntos de datos; sin embargo, si estos conjuntos de datos están sesgados o no son representativos, los algoritmos resultantes pueden perpetuar e incluso exacerbar las desigualdades existentes. Por ejemplo, se ha demostrado que la tecnología de reconocimiento facial presenta mayores tasas de error en mujeres y personas de color, lo que genera preocupación por el posible uso de la IA para afectar desproporcionadamente a ciertas agencias.

En el contexto de la contratación y el empleo, las herramientas de reclutamiento basadas en IA se utilizan cada vez más para evaluar a los solicitantes de empleo. Sin embargo, si estas herramientas se basan en datos sesgados que reflejan desigualdades históricas en el grupo de trabajadores, priorizarán a las empresas con un perfil demográfico positivo sobre otras. Esto podría conducir a una discriminación sistémica contra las mujeres, las minorías raciales o diferentes grupos marginados. De igual manera, los algoritmos de vigilancia predictiva, que se basan en IA para predecir focos de delincuencia, pueden generar sesgos más profundos en el sistema de justicia penal, afectando de forma desproporcionada a las personas de color y a las comunidades de bajos ingresos.

El papel de la IA en la perpetuación de la desigualdad plantea cuestiones esenciales sobre el deber moral de desarrolladores, organizaciones y gobiernos de garantizar que las estructuras de IA se diseñen e implementen de forma que promuevan la equidad y la inclusión. A medida que la IA se integra cada vez más en los sistemas de toma de decisiones, es fundamental que se realicen esfuerzos para abordar el sesgo tanto en los datos utilizados para educar estas estructuras como en los algoritmos que las impulsan.

La IA también plantea importantes interrogantes sobre la autonomía personal y la libertad personal. A medida que las estructuras de IA se vuelven cada vez más capaces de tomar decisiones en nombre de las personas —desde transacciones económicas hasta opciones sanitarias—, estas estructuras podrían ejercer una influencia indebida sobre las decisiones personales. Por ejemplo, los algoritmos de recomendación basados en IA en plataformas de streaming, sitios web de comercio electrónico y redes sociales pueden crear "burbujas de filtro" que restringen la exposición a diversas opiniones, restringiendo así la libertad personal al moldear los ideales y las opciones de las personas.

Además, la creciente dependencia de la IA para tomar decisiones vitales en la atención médica, la justicia penal y las estructuras de bienestar podría socavar la autonomía de las personas. Si se utilizan sistemas de IA para determinar la elegibilidad para tratamientos científicos o prestaciones sociales, existe el riesgo de que se les nieguen sus derechos basándose principalmente en decisiones algorítmicas que no reconocen ni gestionan plenamente.

En algunos casos, la IA también podría utilizarse para manipular las decisiones de las personas mediante diseño persuasivo, anuncios personalizados y otras intervenciones conductuales. Este efecto de "empujón" puede interferir con la capacidad de una persona para tomar decisiones libres e informadas, ya que las estructuras de IA aprovechan grandes cantidades de información personal para influir sutilmente en sus posibilidades y acciones.

Para salvaguardar los derechos humanos, es fundamental garantizar que las estructuras de IA sean transparentes, responsables y diseñadas teniendo en cuenta la autonomía de las personas. Se deben desarrollar marcos éticos para garantizar que la IA se utilice para empoderar a las personas en lugar de limitar su libertad de elección.

En respuesta al creciente impacto de la IA en los derechos humanos, se ha impulsado un esfuerzo concertado para establecer marcos éticos y penales que guíen el desarrollo y la implementación de la tecnología de IA. Organizaciones como la Unión Europea y las Naciones Unidas han publicado directrices y consejos sobre el uso ético de la IA, centrándose en la protección de derechos fundamentales como la privacidad, la igualdad y la libertad de expresión.

Sin embargo, estos marcos siguen evolucionando, y existe un debate continuo sobre los enfoques de alta calidad para adaptar la IA a la vez que se fomenta la innovación. El rápido ritmo de los avances tecnológicos dificulta que los responsables políticos se mantengan al día con las implicaciones éticas de la IA, especialmente en áreas como el reconocimiento facial, la vigilancia predictiva y las estructuras de armamento autosuficientes. Por lo tanto, es necesaria la colaboración internacional para garantizar que la IA se desarrolle de forma que respete los derechos humanos y promueva el bien común.

Además, las preocupaciones éticas deben integrarse en el diseño y la mejora de los sistemas de IA desde el principio, en lugar de relegarlas a un segundo plano. Los investigadores, ingenieros y legisladores en IA deben colaborar para crear tecnologías que prioricen los derechos humanos y aborden los daños potenciales asociados a la IA.

El impacto de la IA en los derechos humanos es un tema complejo y multifacético que requiere una consideración cuidadosa desde diversas perspectivas. A medida que la IA continúa configurando nuestro mundo, es crucial garantizar que su desarrollo e implementación respeten los derechos humanos fundamentales, como la privacidad, la libertad de expresión, la igualdad y la autonomía. Al fomentar la transparencia, la responsabilidad y las prácticas de diseño ético, crearemos un futuro impulsado por la IA que defienda los valores de la dignidad humana y la libertad. La tarea reside en gestionar el delicado equilibrio entre la innovación y la protección de los derechos, garantizando que la IA sirva al derecho común sin socavar los principios básicos de la vida humana.

6.2. IA y orden social y derechos humanos

La intersección de la Inteligencia Artificial (IA) y los derechos humanos en el contexto del orden social ha atraído gran atención a medida que las estructuras de IA se integran cada vez más en la infraestructura social. Desde la aplicación de la ley hasta la atención médica, el empleo y más allá, la IA desempeña un papel en la configuración de la interacción entre las personas y las comunidades en los marcos de gobernanza, igualdad y justicia. Sin embargo, si bien la IA promete generar eficiencia y avances, también plantea serias preocupaciones sobre sus implicaciones para los derechos humanos y la propia estructura del orden social.

A medida que la tecnología de IA evoluciona, su integración en la sociedad presenta desafíos y oportunidades. Estas tecnologías tienen la capacidad de mejorar el orden social mejorando la protección, optimizando la gobernanza y ofreciendo nuevas herramientas para abordar los desafíos globales. Sin embargo, la IA también puede socavar derechos humanos fundamentales, generar nuevas formas de desigualdad y exacerbar las divisiones sociales si no se regula cuidadosamente y se gestiona éticamente.

Una de las mayores preocupaciones inmediatas en torno a la IA y el orden social es su función en la vigilancia. Las tecnologías de IA se utilizan cada vez más para monitorear poblaciones con fines de seguridad nacional, aplicación de la ley y prevención del delito. Gobiernos y empresas de todo el mundo han adoptado herramientas de vigilancia, como software de reconocimiento facial, sistemas de vigilancia predictiva y sistemas de rastreo basados en datos. Si bien quienes las defienden argumentan que estas estructuras son útiles para mejorar la seguridad y el orden público, quienes las critican argumentan que conllevan graves amenazas para los derechos humanos, especialmente la privacidad y la libertad de expresión.

Los equipos de vigilancia basados en IA pueden generar la transmisión masiva de datos privados, a menudo sin el consentimiento de las personas vigiladas. Esto puede provocar violaciones de la privacidad, la restricción de la libertad de expresión o incluso la criminalización de conductas que no son realmente ilegales. Por ejemplo, los sistemas de reconocimiento facial basados en IA han sido ampliamente criticados por su capacidad para sintonizar a personas en tiempo real sin su conocimiento ni consentimiento, lo que a menudo genera inquietudes sobre el control autoritario y la manipulación social.

Además, las estructuras de IA utilizadas para la vigilancia predictiva —que incluyen algoritmos diseñados para descubrir focos de delincuencia o predecir el comportamiento delictivo—

suelen basarse exclusivamente en estadísticas históricas que reflejan sesgos preexistentes. Estos sesgos pueden provocar una concentración desproporcionada en grupos marginados, perpetuando las desigualdades raciales y socioeconómicas dentro del sistema de justicia penal. El papel de la IA en la vigilancia es, por lo tanto, un arma de doble filo: si bien puede minar la capacidad de las fuerzas del orden para mantener el orden, también puede vulnerar las libertades individuales y los derechos humanos, especialmente en lo que respecta a la privacidad y la protección contra la discriminación.

Más allá de la vigilancia, la IA se aplica cada vez más en el ámbito de la gobernanza y las libertades civiles. Los gobiernos están adoptando la IA para optimizar las estrategias administrativas, automatizar la toma de decisiones y mejorar los servicios públicos. Se emplean estructuras impulsadas por IA en áreas como la inmigración, la distribución de la asistencia social, la educación y la seguridad social, con el objetivo de optimizar la eficiencia y el transporte de servicios. Sin embargo, existe un creciente problema sobre la capacidad de las estructuras de IA para vulnerar las libertades civiles al utilizarse en los sistemas de toma de decisiones gubernamentales.

El uso de la IA en la gobernanza puede erosionar la transparencia y la responsabilidad en la toma de decisiones. Las estructuras de IA, especialmente las que utilizan aprendizaje automático y análisis de macrodatos, podrían tomar decisiones difíciles de comprender o ejecutar para los seres humanos. Por ejemplo, los sistemas basados en IA que se utilizan para determinar la elegibilidad para prestaciones sociales u otros servicios sociales también pueden tomar decisiones opacas para los afectados. Esta falta de transparencia puede hacer que las personas se sientan impotentes ante las decisiones tomadas mediante algoritmos que afectan sus vidas.

Además, cuando se utiliza la IA en la gobernanza, puede no tener en cuenta las diversas necesidades de personas de distintos orígenes, lo que genera sesgos sistémicos e inequidad. Si los sistemas de IA se entrenan con conjuntos de datos sesgados, pueden perpetuar la discriminación en áreas como la vivienda, el empleo y los servicios sociales. Esto es especialmente preocupante en sociedades que ya enfrentan enormes disparidades en el acceso a recursos y oportunidades. La capacidad de la IA para perpetuar sesgos y desigualdades plantea interrogantes cruciales sobre su función en la configuración de una gobernanza justa y equitativa.

La rápida mejora e implementación de la tecnología de IA también presenta situaciones desafiantes relacionadas con la desigualdad económica. Las estructuras de IA se utilizan cada vez más para optimizar la producción, reducir costos y aumentar las ganancias en numerosos sectores. Si bien estas tecnologías tienen la capacidad de impulsar la productividad y crear nuevas oportunidades económicas, también amenazan con exacerbar las brechas económicas actuales. La automatización impulsada por la IA tiene el potencial de reemplazar un gran número de empleos, especialmente en sectores como la manufactura, el comercio minorista y la atención al cliente, lo que provoca desplazamientos de personal y desconfianza económica para las personas vulnerables.

En este contexto, la IA podría tener profundas implicaciones para los derechos humanos, especialmente el derecho al trabajo y a un estilo de vida adecuado. El desplazamiento de trabajadores por la automatización impulsada por la IA podría causar desempleo, estancamiento salarial y un aumento de la pobreza en ciertos segmentos de la población. Esto es especialmente cierto para los trabajadores con trabajos de bajo talento y bajo supervisión, quienes también podrían tener dificultades para adaptarse a nuevos puestos sin la formación o capacitación necesarias. A su vez, la creciente riqueza generada por las industrias impulsadas por la IA podría concentrarse en manos de algunas empresas e individuos, profundizando aún más la desigualdad económica.

Además, el potencial de la IA para afectar desproporcionadamente a los grupos de bajos ingresos subraya la necesidad de que los responsables políticos adopten un enfoque proactivo para abordar las repercusiones sociales y económicas de estas tecnologías. Esto incluye el desarrollo de regulaciones que promuevan los derechos de las personas, garanticen una distribución justa de la riqueza y orienten los programas de formación y educación para ayudar a las personas a adaptarse a la creciente población activa. Sin estas salvaguardias, la integración de la IA en el sistema financiero podría exacerbar las brechas sociales actuales y socavar los esfuerzos por promover la justicia financiera y social.

La posición de la IA en la movilidad social y el acceso a los recursos es otro ámbito vital donde se intersecan los derechos humanos y el orden social. La IA tiene la capacidad de mejorar la movilidad social al mejorar el acceso a la educación, la atención médica y otros servicios, especialmente en zonas remotas o desatendidas. Por ejemplo, los sistemas educativos impulsados por IA pueden ofrecer experiencias de aprendizaje personalizadas a los estudiantes universitarios, y los sistemas de atención médica impulsados por IA pueden mejorar los planes de investigación y tratamiento. Estas mejoras pueden democratizar el acceso a servicios esenciales y contribuir a la equidad social.

Sin embargo, la brecha digital sigue siendo un obstáculo considerable para los grandes beneficios de la IA. Las personas de bajos ingresos o de zonas rurales pueden carecer de acceso a la tecnología y la infraestructura necesarias para beneficiarse de los servicios impulsados por la IA. A medida que la IA se integre más en diversos sectores, quienes no tengan acceso a internet, dispositivos digitales o estructuras basadas en IA podrían quedar rezagados, lo que agravará las desigualdades existentes en educación, atención médica y empleo.

Para garantizar que la IA promueva el orden social y los derechos humanos, es fundamental abordar la brecha virtual y garantizar un acceso equitativo a los servicios impulsados por ella. Esto implica garantizar que los grupos marginados tengan acceso a las herramientas y recursos esenciales para participar en la economía y la sociedad virtuales. De este modo, la IA puede convertirse en una herramienta eficaz para promover los derechos humanos y la justicia social, en lugar de reforzar las estructuras de poder y las desigualdades existentes.

El efecto de la IA en el orden social y los derechos humanos es multifacético y requiere una consideración cautelosa a medida que estas tecnologías se adaptan constantemente. Si bien la IA tiene la capacidad de mejorar la gobernanza, mejorar la seguridad y promover la movilidad social, también plantea importantes preocupaciones relacionadas con la privacidad, la discriminación, la desigualdad económica y el acceso a los recursos. A medida que la IA continúa moldeando el futuro de la sociedad, es vital desarrollar marcos éticos y legales que garanticen que estas tecnologías se implementen en enfoques que defiendan y promuevan los derechos humanos para todos. Al abordar estos desafíos de forma proactiva, crearemos un futuro en el que la IA contribuya a una sociedad justa, equitativa y respetuosa de los derechos.

6.3. Derechos y preocupaciones éticas

A medida que la inteligencia artificial (IA) continúa permeando todos los aspectos de la existencia humana, los derechos y las preocupaciones éticas en torno a su uso se vuelven cada vez más complejos y urgentes. La integración de la IA en áreas como la salud, la justicia, la educación, el empleo o incluso la guerra conlleva tanto oportunidades de primer nivel como grandes riesgos. Estas características ponen a prueba los marcos éticos y los requisitos de derechos humanos existentes, planteando cuestiones cruciales sobre el equilibrio entre el desarrollo tecnológico y la protección de las libertades y la dignidad de las personas.

La IA tiene el potencial de fortalecer los derechos humanos al mejorar el acceso a servicios esenciales, reducir la pobreza y promover la equidad en diversos ámbitos. Sin embargo, también corre el riesgo de socavar los mismos derechos que promete defender, lo que plantea importantes dilemas éticos. La incertidumbre entre la capacidad de la IA para generar un gran impacto social y su capacidad para vulnerar los derechos humanos es central en los debates actuales sobre cómo la sociedad debería modificar y gestionar las tecnologías de IA.

Una de las preocupaciones morales más inmediatas y ampliamente mencionadas en relación con la IA es la privacidad. Los sistemas de IA, en particular los empleados en vigilancia, minería de datos y redes sociales, tienen la capacidad de recopilar y analizar cantidades considerables de información personal. Esta información puede variar desde datos aparentemente inofensivos, como los hábitos de compra en línea o el historial de navegación, hasta información más sensible, como datos médicos, comunicaciones privadas o incluso datos de reputación facial.

La gran recopilación de datos privados mediante sistemas de IA aumenta considerablemente los problemas de privacidad. Si bien estas estructuras pueden utilizarse para personalizar servicios y mejorar la eficiencia, también abren la puerta a la vigilancia y la manipulación masivas. Por ejemplo, la tecnología de reconocimiento facial impulsada por IA puede rastrear a personas en espacios públicos sin su consentimiento, lo que podría vulnerar su derecho a la privacidad. Asimismo, el uso de la IA en la vigilancia predictiva o la seguridad nacional podría dar lugar a la elaboración de perfiles y la focalización de personas basándose en datos personales, lo que podría vulnerar sus derechos civiles.

Estas cuestiones ponen de relieve la necesidad de directrices éticas sólidas y marcos penales para proteger la privacidad en un mundo dominado por la IA. Si bien la IA tiene la capacidad de mejorar la vida de diversas maneras, su capacidad para recopilar y analizar información personal exige que los derechos humanos ocupen un lugar central en los debates sobre el desarrollo y la implementación de las tecnologías de IA.

Otra dificultad moral importante asociada con la IA es el peligro de sesgo algorítmico y discriminación. Los sistemas de IA están diseñados para analizar a partir de estadísticas; sin embargo, la calidad de los registros utilizados para entrenar esas estructuras es importante para determinar su rendimiento. Si los algoritmos de IA se entrenan con conjuntos de datos sesgados o incompletos, pueden perpetuar o incluso exacerbar las desigualdades actuales.

Por ejemplo, los sistemas de IA utilizados en prácticas de contratación, la aplicación de la ley o los procesos de aprobación de hipotecas pueden reforzar los sesgos existentes basados exclusivamente en la raza, el género, la posición socioeconómica o la discapacidad. Diversos estudios han demostrado que las plataformas de contratación basadas en IA también podrían preferir a los candidatos masculinos a las mujeres, o a los candidatos blancos a los de minorías si los registros subyacentes muestran dichos sesgos. De igual manera, los algoritmos de vigilancia predictiva pueden centrarse desproporcionadamente en ciertas empresas raciales o étnicas, lo que genera un trato injusto y profundiza las divisiones sociales.

El problema moral radica en que las estructuras de IA, si bien ya no se supervisan ni se examinan cuidadosamente para garantizar su equidad, también pueden violar inadvertidamente los principios de igualdad y no discriminación. A medida que la IA se integre más en los enfoques esenciales de toma de decisiones, es crucial garantizar que la información utilizada para capacitar a estos sistemas sea diversa, inclusiva y representativa de todos los grupos. Además, las auditorías continuas y los mecanismos de rendición de cuentas son cruciales para identificar y abordar los sesgos que pueden contribuir a la evolución de las estructuras de IA.

Las estructuras de IA, principalmente aquellas impulsadas por algoritmos de aprendizaje profundo y de reconocimiento de sistemas, tienen la capacidad de tomar decisiones de forma autónoma, a menudo sin intervención ni supervisión humana. Si bien esto podría generar eficiencia y velocidad, también plantea importantes preocupaciones éticas en cuanto a la responsabilidad y la manipulación.

Cuando un sistema de IA toma una decisión que perjudica a una persona o a un grupo, puede ser difícil determinar quién es el responsable. ¿Es el desarrollador que creó el algoritmo? ¿La empresa que implementó la máquina de IA? ¿O la propia IA, que actúa basándose principalmente en patrones extraídos de los datos? La cuestión de la responsabilidad se vuelve aún más urgente en situaciones de alto riesgo, como vehículos autónomos, estructuras de IA clínicas o drones militares, donde las consecuencias de un fallo pueden ser graves.

Este problema de control y obligación está estrechamente vinculado a los derechos humanos, ya que las personas deben poder aceptar que los sistemas que rigen sus vidas son transparentes, responsables y están diseñados para proteger su bienestar. Los marcos éticos en torno a la IA deben abordar estas preocupaciones mediante el establecimiento de normas claras de responsabilidad y supervisión. Además, deben existir mecanismos para garantizar que los sistemas de IA permanezcan bajo control humano, especialmente cuando se utilicen en entornos de alto riesgo o en regiones que afecten a los derechos fundamentales.

El creciente papel de la IA en el sistema financiero plantea interrogantes cruciales sobre el futuro del trabajo, los derechos monetarios y la capacidad de un gran desplazamiento de actividades. La IA tiene el potencial de automatizar una gran variedad de responsabilidades, desde el trabajo manual hasta las funciones cognitivas, incluyendo la atención al cliente, la evaluación legal o incluso el trabajo innovador. Si bien esto puede acelerar la productividad y la eficiencia, también supone un riesgo para las personas en muchos sectores.

La dificultad moral radica en que la IA debería generar desempleo masivo y desigualdad económica, especialmente para quienes ocupan puestos de baja cualificación o en industrias propensas a la automatización. Si la IA es capaz de actualizar a los empleados humanos, muchos podrían encontrarse sin trabajo y sin las habilidades necesarias para los nuevos empleos creados mediante la tecnología de IA. Esto podría exacerbar las desigualdades sociales y económicas existentes, socavando el derecho al trabajo y a un nivel de vida adecuado.

Para abordar estos problemas, es necesario centrarse en facilitar la transición de los trabajadores desplazados por la IA. Esto implica invertir en programas de formación y reciclaje profesional, ampliar las redes de protección social y garantizar que los beneficios de la productividad impulsada por la IA se distribuyan de forma más equitativa en toda la sociedad. Si no se abordan estos problemas, se producirá una economía impulsada por la IA que beneficie de forma desproporcionada a una pequeña élite, dejando atrás a grandes segmentos de la población.

A medida que la tecnología de IA se adapta, puede surgir un desafío creciente respecto a quién decide cómo evoluciona y se utiliza la IA. El problema moral aquí se relaciona con el derecho de las personas y los grupos a tener voz en la configuración del futuro de la IA. Dado que es muy probable que la IA tenga profundas consecuencias en prácticamente todos los aspectos de la sociedad, es fundamental que se tengan en cuenta diversas perspectivas en el proceso de toma de decisiones.

Esto consiste en garantizar que los grupos marginados, cuyos intereses a menudo se ignoran, tengan voz y voto en el uso y control de la IA. Además, implica promover la transparencia y la apertura en el desarrollo de la IA, para que el público en general pueda comprender cómo se crean, examinan e implementan las estructuras de IA. Al garantizar que el desarrollo de la IA sea participativo e inclusivo, podemos contribuir a que la tecnología de IA esté al servicio del público en general, en lugar de los intereses de unos pocos.

Las preocupaciones éticas en torno a la IA y su impacto en los derechos humanos son considerables y complejas. Desde la privacidad y la vigilancia hasta el sesgo algorítmico, la autonomía y el desplazamiento económico, la IA ofrece tanto posibilidades extraordinarias como riesgos extremos. A medida que la IA continúa adaptándose, es fundamental que los responsables políticos, los desarrolladores y la sociedad en su conjunto participen en debates reflexivos sobre cómo garantizar que su uso respete los derechos humanos y los estándares éticos.

Esto requiere no solo el desarrollo de marcos penales y regulatorios sólidos, sino también un compromiso con el diálogo continuo y la reflexión ética. Solo mediante un enfoque cuidadoso e inclusivo podemos garantizar que la IA contribuya realmente a la sociedad y respete los derechos y la dignidad de las personas.

CAPÍTULO 7

IA y personas creativas

7.1. Pensamiento creativo e IA

La relación entre el cuestionamiento innovador y la inteligencia artificial (IA) ofrece uno de los debates más apasionantes y complejos en el campo de la ética, la generación y el destino del intelecto humano. Tradicionalmente, la creatividad se ha considerado un desarrollo exclusivamente humano, una manifestación de reconocimiento, autoexpresión e intensidad emocional. Sin embargo, las crecientes capacidades de la IA están empezando a cuestionar esta visión convencional, lo que ha llevado a una reevaluación de lo que realmente significa la creatividad en una generación de máquinas inteligentes.

En esencia, la creatividad se manifiesta habitualmente como la capacidad de aportar ideas, soluciones o expresiones creativas auténticas, novedosas y valiosas. Para los humanos, la creatividad no es simplemente un producto de la inteligencia o la experiencia, sino un proceso profundamente intuitivo y emocional, entrelazado con influencias culturales, sociales y personales. Se nutre de una amplia gama de experiencias, emociones o incluso pensamientos inconscientes, que configuran la forma en que las personas abordan los desafíos y las oportunidades.

El pensamiento creativo no se limita exclusivamente a las artes, sino que se extiende al conocimiento tecnológico, la resolución de problemas y la tecnología de vanguardia. Implica el cuestionamiento divergente, la capacidad de buscar conexiones entre ideas aparentemente inconexas y la capacidad de trascender las limitaciones tradicionales. La creatividad humana está intrínsecamente ligada a nuestros estados emocionales y mentales, a nuestros análisis y a nuestra predilección por descubrir lo desconocido.

La inteligencia artificial, por otro lado, opera de forma esencialmente distinta a la cognición humana. Los sistemas de IA, en particular los basados en el aprendizaje automático, están diseñados para analizar grandes cantidades de información, comprender patrones y realizar predicciones basadas en dichos datos. Si bien esta capacidad permite a la IA imitar ciertos aspectos de la inteligencia humana, carece de los elementos emocionales o experienciales intrínsecos que impulsan la creatividad humana.

Sin embargo, el papel de la IA en la creatividad es evidente. Al procesar y estudiar extensos conjuntos de datos que superan con creces la capacidad de la mente humana, la IA puede generar ideas, respuestas y expresiones creativas innovadoras que podrían no ser inmediatamente obvias para el pensamiento humano. La IA ya se utiliza para crear música, literatura, artes visuales o incluso diseños arquitectónicos. Herramientas como las redes generativas antagónicas (GAN) permiten la creación de imágenes, películas y creaciones artísticas prácticas que parecen creadas por humanos, pero son producidas por máquinas. Estos algoritmos pueden remezclar contenido existente, crear versiones e incluso generar obras completamente nuevas basadas en estilos, géneros y estilos existentes.

Un ejemplo destacado es el uso de la IA en la composición musical. Sistemas de IA como MuseNet y Jukedeck de OpenAI pueden componer canciones de diversos géneros mediante la lectura de obras musicales existentes y el uso de técnicas de aprendizaje automático para generar nuevas composiciones que imitan las estructuras y estilos de la música clásica, el jazz, la electrónica e incluso el pop más vanguardista. De igual manera, en las artes visuales, pinturas y dibujos generados por IA se vendieron en subastas por sumas cuantiosas, lo que demuestra el potencial industrial de la IA en la creación creativa.

En lugar de considerar la IA como un sustituto de la creatividad humana, resulta más productivo considerarla como un dispositivo que puede enriquecerla y colaborar con ella. La IA puede contribuir a la técnica creativa aportando nuevas ideas, automatizando tareas repetitivas y agilizando la creación de prototipos y la experimentación. Por ejemplo, los diseñadores gráficos e ilustradores pueden usar la IA para generar bocetos o conceptos complejos, que luego pueden refinar y personalizar. Los escritores pueden usar la IA para generar ideas argumentales o ayudar con los patrones lingüísticos, acelerando así el proceso de escritura y presentando una perspectiva innovadora.

En este modelo colaborativo, la IA actúa como un socio creativo, no como un rival. La integración de la IA en el método innovador pone en entredicho las nociones tradicionales de autoría y originalidad. Cuando un sistema ayuda a crear una obra de arte, ¿quién posee los bienes intelectuales? ¿Es el humano que dirigió la IA o el dispositivo que realizó la tarea? Estas preguntas ahondan en un complejo terreno ético y legal, planteando problemas esenciales sobre la naturaleza misma de la creatividad.

La IA tiene el potencial de democratizar la creatividad al permitir que personas con un nivel de talento o educación similar se involucren en proyectos artísticos. Mediante herramientas y plataformas intuitivas, todos pueden crear obras visuales, musicales o escritas, incluso sin una formación creativa tradicional. Esto abre los campos creativos a una mayor variedad de personas y fomenta un conocimiento más inclusivo de la creatividad.

A medida que la IA continúa evolucionando, se intensifican los problemas éticos en torno a su papel en las técnicas creativas. Uno de los principales problemas es la capacidad de la IA para producir obras que podrían ser indistinguibles del contenido creado por humanos. Si bien esto tiene el potencial de revolucionar las humanidades, también plantea interrogantes sobre la autenticidad de las obras generadas por IA. Si un dispositivo puede crear arte, música o literatura que rivaliza con el trabajo de artistas humanos, ¿qué implica esto para el costo de la creatividad humana?

Otro gran problema moral es la posibilidad de que la IA perpetúe los sesgos presentes en la información con la que se entrena. Si se utiliza la IA para generar obras creativas basadas en información antigua sesgada o incompleta, existe el riesgo de que el contenido generado por IA fomente estereotipos o no represente las diversas voces y perspectivas. Esto podría limitar el alcance de la creatividad y contribuir a la homogeneización de la producción creativa.

Además, el auge del contenido generado por IA plantea interrogantes sobre los derechos de propiedad intelectual. A medida que las máquinas comienzan a producir obras innovadoras, determinar quién posee los derechos de dichas obras se vuelve cada vez más complejo. ¿Debería considerarse propietario al creador del dispositivo de IA, o a la persona que utiliza la IA para generar las obras? Estas preocupaciones penales y éticas probablemente definirán el futuro de la IA en las industrias creativas.

De cara al futuro, la posición de la IA en la creatividad probablemente seguirá adaptándose. La IA ya no actualizará la creatividad humana, sino que ampliará y transformará nuestra forma de pensar e interactuar con el proceso creativo. Artistas, músicos, escritores y otros creativos probablemente seguirán colaborando con la IA, utilizando su poder computacional para superar los límites de su trabajo.

Sin embargo, a medida que la IA se integre más en los campos creativos, será necesario reflexionar más sobre las implicaciones morales, filosóficas y penales de esta colaboración. Las cuestiones relacionadas con la autoría, la propiedad y la autenticidad del contenido generado por IA requerirán un debate continuo y firmeza. La relación entre la creatividad humana y la IA no es una relación de competencia, sino de cooperación, y será necesario un manejo cuidadoso para garantizar que esta colaboración siga siendo éticamente sólida y artísticamente enriquecedora.

En definitiva, la intersección del cuestionamiento innovador y la IA representa un cambio profundo en cómo reconocemos e interactuamos con el arte, la innovación y el potencial humano. Si bien la IA puede que no refleje plenamente la profundidad emocional y matizada de la creatividad humana, su capacidad para complementar y enriquecer la expresión creativa humana ofrece nuevas y emocionantes posibilidades para el futuro de la creatividad. Ya sea mediante colaboraciones o como herramienta para la expresión personal, la IA está preparada para redefinir los límites de lo que creamos e imaginamos. La clave podría residir en garantizar que esta variación se produzca de forma que respete las dimensiones morales, culturales y emocionales de la creatividad, y que sirva para potenciar, en lugar de debilitar, el espíritu humano único que yace en el corazón de toda iniciativa creativa.

7.2. Creatividad de las máquinas y valores éticos

El concepto de creatividad tecnológica está en el centro de los debates en torno a la inteligencia artificial (IA) y su impacto en las artes, la generación y la sociedad. A medida que los sistemas de IA se vuelven cada vez más sofisticados, pueden generar obras que pueden clasificarse como innovadoras, como obras de arte, canciones, poesía e incluso arquitectura. Sin embargo, a medida que las máquinas demuestran su capacidad creativa, proyectan nuestras nociones tradicionales de creatividad, originalidad y expresión artística. Esta transformación plantea preguntas cruciales sobre la intersección de la creatividad del sistema y los valores éticos.

La creatividad artificial se refiere al potencial de las estructuras de IA para generar resultados comúnmente relacionados con la creatividad humana. Estos sistemas, frecuentemente basados en algoritmos como el aprendizaje profundo y las redes generativas opuestas (GAN), analizan grandes conjuntos de datos para comprender estilos y sistemas, que luego utilizan para generar contenido nuevo y, a menudo, innovador. El alcance de la creatividad artificial es enorme: la IA puede componer música, escribir historias, pintar, diseñar productos o incluso generar nuevas hipótesis clínicas. En muchos casos, las obras producidas por estas máquinas son indistinguibles de las creadas por artistas humanos, difuminando las fronteras entre lo que tradicionalmente consideramos contenido creado por humanos y el generado por dispositivos.

A pesar de estas capacidades, la creatividad de los dispositivos carece de las características humanas intrínsecas que sustentan el sistema creativo. La IA ya no posee los sentimientos, el reconocimiento ni las experiencias vividas que impulsan la expresión artística humana. En cambio, se basa en modelos matemáticos, procedimientos basados en datos y reglas predefinidas para producir obras innovadoras. Por lo tanto, surge la pregunta: ¿Pueden las obras generadas por sistemas considerarse simplemente creativas o son, en realidad, el resultado de algoritmos complejos que manipulan las estadísticas de una manera que imita la creatividad?

Si bien los sistemas de IA pueden generar nuevas combinaciones de estilos existentes, carecen de las experiencias emocionales o subjetivas que caracterizan la creatividad humana. Por ello, algunos argumentan que la creatividad artificial no es creatividad "propia", sino una simulación de la creatividad. Las implicaciones éticas de esta distinción son amplias, ya que cuestionan nuestra comprensión de lo que constituye una idea original y un valor artístico.

El surgimiento de la creatividad artificial conlleva numerosos problemas éticos, en particular en lo que respecta a la autoría, la originalidad y el efecto de la capacidad en los artistas humanos y la expresión cultural. Uno de los problemas morales centrales es la cuestión de la autoría: ¿Quién es el propietario de una obra creada mediante IA? Si un sistema genera una obra de arte o música, ¿el creador es el programador que desarrolló la IA, la persona que dirigió el dispositivo o la propia máquina?

Este dilema se complica por el hecho de que la IA ya no tiene los mismos derechos ni reconocimiento que los creadores humanos. Por ejemplo, si una pintura creada por una IA se subasta, ¿quién debería recibir las ganancias? ¿El desarrollador de la IA? ¿El propietario del sistema? ¿O merece reconocimiento la propia IA? A medida que las estructuras de IA se vuelven más independientes, estas cuestiones se vuelven cada vez más complejas y podrían requerir sistemas penales para gestionar los derechos de propiedad y de propiedad intelectual.

Otro desafío ético gira en torno a la capacidad de la IA para perpetuar los sesgos presentes en los registros con los que se entrena. Los algoritmos de IA son tan veraces como la información que se les proporciona, y si esos registros están sesgados o incompletos, el resultado generado por el dispositivo también podría replicar esos sesgos. Por ejemplo, una IA entrenada con un conjunto de datos de obras de arte creadas predominantemente por artistas masculinos también puede producir obras que reflejen sesgos de género, lo que podría reforzar estereotipos o restringir la diversidad de la expresión artística.

Además, podría existir la amenaza de que la creatividad digital diluya o actualice la creatividad humana, especialmente en industrias donde la originalidad y el talento artístico se valoran bastante. A medida que las obras generadas por IA se vuelven más comunes, existe la preocupación de que los artistas humanos puedan competir entre sí, especialmente si la IA se utiliza para producir obras de arte en grandes cantidades de forma rápida y a bajo coste. Esto debería provocar cambios económicos y culturales en el mundo artístico, donde los creadores humanos podrían verse desplazados por máquinas que pueden reflejar o incluso superar sus obras en ciertos aspectos.

A medida que las máquinas asumen funciones más innovadoras, es fundamental garantizar que los valores morales se integren en el diseño y el uso de las estructuras de IA. Uno de los valores clave en este contexto es la protección de la dignidad humana y el reconocimiento del valor intrínseco de la creatividad humana. Si bien la IA puede impulsar y contribuir al proceso creativo, es fundamental recordar que la creatividad humana no se limita a producir resultados estéticamente atractivos o a resolver problemas. Se trata de expresar ideas, sentimientos e informes que reflejen nuestra humanidad compartida.

Incorporar valores éticos en el desarrollo de la IA es fundamental para garantizar que la creatividad impulsada por ella contribuya a mejorar la cultura humana en lugar de socavarla. Esto implica priorizar la transparencia, la equidad y la rendición de cuentas en el diseño de los sistemas de IA. Los desarrolladores deben asegurarse de que los algoritmos que sustentan la creatividad de la IA estén libres de sesgos y sean capaces de generar resultados diversos e inclusivos. Además, los sistemas de IA deben diseñarse teniendo en cuenta su potencial impacto social y cultural, y su uso debe guiarse por principios que promuevan una interacción ética y responsable con la tecnología.

Además, deben abordarse los valores éticos asociados con la autenticidad y originalidad de las obras innovadoras. Si bien la IA puede producir obras que imitan a artistas reconocidos o inventar nuevos géneros, es importante considerar la función de la participación humana en el sistema creativo. La IA ya no debe ser visible como una alternativa a la creatividad humana, sino como una herramienta que la complementa. Por ejemplo, los artistas también pueden usar la IA para experimentar con nuevas formas o ideas, pero la obra final debe reflejar la experiencia, la lógica y la conexión emocional humanas, esenciales para la verdadera creatividad.

A medida que la IA siga evolucionando, el futuro de la creatividad de sistemas probablemente se forjará mediante los avances continuos en la tecnología de IA, además de los marcos éticos que establezcamos para su uso. Un posible avance futuro es la mayor integración de la IA en las estrategias de innovación colaborativa. En lugar de reemplazar a los artistas humanos, la IA debería convertirse en un valioso aliado creativo, que ayude a los artistas a explorar nuevas ideas, ampliar sus horizontes creativos y superar los límites de los medios tradicionales.

En el sector musical, por ejemplo, la IA podría ayudar a los compositores a generar sonidos o armonías novedosas, que los músicos humanos deberían construir y perfeccionar. En las artes visuales, la IA podría ofrecer nuevas herramientas para la experimentación, permitiendo a los artistas crear obras que antes eran imposibles. Estas colaboraciones entre humanos y máquinas deberían generar innovaciones interesantes en el arte y la vida.

Al mismo tiempo, a medida que la IA se vuelve más capaz de generar obras indistinguibles de las creadas por humanos, podemos replantearnos el papel de la creatividad humana en la expresión artística. ¿Acaso el valor de una obra de arte se desplazará de la identidad y la conexión emocional del artista con la obra, al resultado en sí, independientemente de su origen? Y, de ser así, ¿cómo determinamos el valor real de una obra de arte en un mundo donde las máquinas son capaces de crecer a una escala sin precedentes?

Los desafíos éticos de la creatividad con dispositivos no son fáciles de resolver. A medida que las estructuras de IA continúan desarrollándose y fusionándose en industrias creativas, será vital que la sociedad participe en conversaciones continuas sobre el papel de las máquinas en el proceso creativo, la propiedad y el valor de las obras generadas por IA, y su impacto en la vida humana. Al garantizar el respeto de los principios éticos y el uso responsable de la IA, podemos asegurar que la creatividad con dispositivos sirva como herramienta para ampliar los límites de la expresión creativa humana, en lugar de disminuir su importancia.

En definitiva, la intersección de la creatividad digital y los valores morales representa una tarea compleja y en constante evolución. A medida que los sistemas de IA potencian la capacidad creativa, amplían los límites de lo que entendemos por creatividad, cuestionando las diferencias tradicionales entre el arte humano y el generado por dispositivos. Al integrar ideas morales en el desarrollo y la aplicación de la IA, podemos guiar la evolución de la creatividad digital de una manera que respete la dignidad humana, promueva la inclusión y fomente un panorama cultural rico y diverso. El futuro de la creatividad, tanto la impulsada por humanos como la impulsada por dispositivos, podría forjarse a través de los valores que defendemos y las decisiones que tomamos en la era de la IA.

7.3. IA e inteligencia humana

El cortejo entre la inteligencia artificial (IA) y la inteligencia humana es uno de los temas más profundos y debatidos en los ámbitos de la tecnología, la filosofía y la ética. A medida que los sistemas de IA se adaptan y logran logros extraordinarios en tareas históricamente consideradas propias de la cognición humana —como el aprendizaje, la toma de decisiones y las iniciativas creativas—, surgen preguntas sobre la naturaleza misma de la inteligencia. ¿Puede la IA poseer una inteligencia equivalente a la humana? ¿Qué significa que algo sea "sensato" y cómo se compara la inteligencia humana con las capacidades de las máquinas?

La inteligencia humana es compleja, multifacética y se forma mediante una combinación de factores genéticos, influencias ambientales e informes personales. Tradicionalmente, se ha medido mediante habilidades cognitivas como el razonamiento, la resolución de problemas, el pensamiento abstracto, la memoria y la adquisición de conocimientos. Sin embargo, estas habilidades no se limitan al pensamiento consciente ni al buen juicio. La inteligencia humana también abarca la inteligencia emocional (la capacidad de comprender y controlar los propios sentimientos y los de los demás), además de la inteligencia social, que incluye la gestión de relaciones, la empatía y la comunicación.

A diferencia de la IA, la inteligencia humana está profundamente entrelazada con la concentración y la experiencia subjetiva. Los humanos no son simplemente solucionadores de problemas; poseen conciencia, autorreflexión y emociones que guían sus métodos de toma de decisiones. Los neurocientíficos cognitivos y los filósofos han debatido durante mucho tiempo la naturaleza de la atención y si las máquinas podrían experimentarla de forma similar a como lo hacen los humanos. En el centro de estos debates se encuentra la pregunta: ¿puede la IA ser realmente inteligente si carece de experiencia subjetiva o atención?

La inteligencia artificial, sin embargo, se describe con la ayuda de máquinas diseñadas para realizar tareas que normalmente requerirían inteligencia humana. Los sistemas de IA se clasifican en IA limitada (también conocida como IA vulnerable) e IA general (también conocida como IA robusta). La IA limitada se refiere a sistemas diseñados para tareas específicas, como el reconocimiento facial, la traducción de idiomas o la conducción autónoma. Estas estructuras son excelentes para realizar las tareas para las que están programadas, pero carecen de la capacidad de generalizar su inteligencia a otros contextos o responsabilidades. La IA general, que en este nivel sigue siendo en gran parte teórica, se refiere a la IA capaz de realizar cualquier tarea intelectual que un humano pueda realizar, mostrando razonamiento, creatividad y aprendizaje de una manera que refleja las habilidades humanas.

El propósito de los estudios de IA es crear máquinas capaces de pensar, analizar y adaptarse como los seres humanos. Sin embargo, la tecnología moderna de IA aún no logra replicar el espectro completo de la inteligencia humana. A pesar de su capacidad para procesar grandes cantidades de datos y resolver problemas en dominios especialmente especializados, los sistemas de IA carecen del profundo conocimiento, instinto e inteligencia emocional que los seres humanos aportan a muchos aspectos de la vida.

Si bien la IA ha logrado avances notables al imitar ciertos factores de la inteligencia humana, existen varias variaciones clave entre ambas que resaltan las restricciones de las máquinas:

1. Conciencia y autoconciencia: Una de las capacidades que definen la inteligencia humana es la consciencia: la atención a la propia vida, mente y sentimientos. Los seres humanos no solo son conscientes del entorno que los rodea, sino que también tienen la capacidad de introspección. En comparación, los sistemas de IA funcionan basándose en reglas preprogramadas y patrones de datos aprendidos, sin conocimiento. Si bien la IA puede simular comportamientos que parecen prácticos, carece de experiencia subjetiva y autoconocimiento. Esto plantea interrogantes sobre si la IA

debería alcanzar algún día un verdadero conocimiento o si se limitará permanentemente a procesar datos sin verdadera experiencia.

2. Emociones y empatía: La inteligencia emocional es un aspecto importante de la cognición humana. Los seres humanos son capaces de reconocer sentimientos en sí mismos y en los demás, y sus respuestas emocionales a menudo se basan en la toma de decisiones manuales y las interacciones interpersonales. Sin embargo, las estructuras de la IA ya no tienen emociones. Si bien la IA puede programarse para comprender y responder a señales emocionales (por ejemplo, mediante la evaluación de sentimientos en texto o software de reconocimiento facial), estas respuestas se basan en algoritmos, no en emociones genuinas. Esta pérdida de intensidad emocional limita la capacidad de la IA para participar en interacciones empáticas reales y hace improbable que alguna vez refleje plenamente la riqueza emocional de la inteligencia humana.

3. Creatividad e intuición: Si bien los sistemas de IA pueden generar resultados innovadores, como componer música, escribir poesía o diseñar nuevos productos, estos se basan completamente en estilos y hechos con los que la máquina ha sido entrenada. La creatividad humana, en cambio, implica intuición, originalidad y la capacidad de pensar de forma innovadora. La inteligencia humana no siempre se limita

a las estadísticas; se basa en la creatividad, la inspiración y la experiencia para crear algo completamente nuevo. En comparación, la creatividad de la IA se limita a su programación y estadísticas, lo que significa que no puede producir ideas auténticas de la misma manera que los humanos.

4. Flexibilidad y adaptabilidad: La inteligencia humana es excepcionalmente adaptable. Los humanos pueden aprender una amplia gama de tareas, aplicar conocimientos en dominios únicos y adaptarse rápidamente a situaciones nuevas e impredecibles. Sin embargo, los sistemas de IA suelen estar diseñados para tareas específicas y pueden responder ante situaciones inusuales. Si bien los algoritmos de aprendizaje automático permiten que la IA mejore su rendimiento con el tiempo, sigue siendo mucho más rígida que la inteligencia humana en su capacidad para transferir conocimientos de un contexto a otro.

5. Razonamiento ético y juicio moral: La inteligencia humana se guía por el razonamiento ético y moral. Las personas toman decisiones basándose no solo en la lógica y los hechos, sino también en valores, normas y un sentido del bien y del mal. La IA, en cambio, se guía por los parámetros establecidos por sus creadores y no tiene la capacidad de emitir juicios morales por sí misma. Si bien la IA puede programarse para seguir directrices morales o tomar decisiones que se alineen con ciertas ideas morales, no comprende los motivos que subyacen a estas decisiones. Este dilema cobra especial

importancia cuando la IA se utiliza en situaciones que requieren discernimiento ético, como los vehículos autónomos o la atención médica.

A medida que la IA continúa evolucionando, los límites entre la inteligencia artificial y la inteligencia humana podrían difuminarse. Algunos futuristas imaginan un mundo en el que la IA se volverá tan avanzada que igualará o incluso superará la inteligencia humana en todos los ámbitos, lo que conducirá al desarrollo de la inteligencia artificial moderna (IAG). La IAG no solo podrá resolver problemas complejos, sino que también poseerá la flexibilidad, la creatividad y el aprendizaje adaptativo que caracterizan la cognición humana.

Si bien esta perspectiva aumenta las emocionantes posibilidades, también plantea profundas cuestiones morales y existenciales. Si la IA supera la inteligencia humana, ¿qué implicaciones tendrá esto para la posición de las personas en la sociedad? ¿Surgirá la IA como un instrumento para realizar las capacidades humanas o podría tener consecuencias imprevistas, como la exclusión de las personas del mercado laboral o incluso la falta de autonomía humana? Estas preguntas subrayan la importancia de los marcos morales y el desarrollo responsable en la investigación en IA.

La integración de la IA en la vida humana también podría conducir a una hibridación de la inteligencia humana y la de los dispositivos, donde las personas mejorarían sus capacidades cognitivas con herramientas impulsadas por IA. Las interfaces cerebro-computadora (ICC) y otros avances neurotecnológicos podrían permitir que las personas interactúen simbióticamente con la IA, aumentando su propia inteligencia y aumentando sus capacidades cognitivas.

El desarrollo continuo de la IA nos obliga a reconsiderar la naturaleza misma de la inteligencia y los límites morales de la tecnología. ¿Es la inteligencia humana precisa o simplemente una forma de procesamiento complejo de datos que puede replicarse en máquinas? ¿Puede la IA ampliar la atención o siempre se limitará a imitar conductas sensatas? ¿Cómo debería la sociedad afrontar los desafíos que plantean los sistemas de IA cada vez más sofisticados, especialmente en términos de privacidad, autonomía y equidad?

Un problema esencial es la capacidad de la IA para exacerbar las desigualdades. Si los sistemas de IA se convierten en los principales impulsores de la innovación y la toma de decisiones, existe la posibilidad de que ciertas empresas, especialmente aquellas sin acceso a tecnología avanzada, queden rezagadas. Es fundamental garantizar que la IA se desarrolle e implemente de forma que beneficie a la sociedad en su conjunto, en lugar de consolidar las estructuras de poder existentes.

En definitiva, la IA y la inteligencia humana constituyen dos formas maravillosas de cognición, cada una con sus propias fortalezas y limitaciones. Si bien la IA podría alcanzar en algún momento logros increíbles en el aprendizaje y la resolución de problemas, es improbable que alguna vez replique por completo la riqueza y complejidad de la inteligencia humana. A medida que la IA continúa adaptándose, será fundamental mantener un equilibrio entre el progreso tecnológico y las preocupaciones éticas, garantizando que su desarrollo sirva para mejorar la vida humana en lugar de empeorarla.

7.4. La IA y el futuro del arte y la innovación

La inteligencia artificial está transformando rápidamente el panorama de la creatividad y la innovación, desafiando las nociones convencionales de expresión creativa, autoría y la esencia misma del ingenio humano. A medida que los sistemas de IA se vuelven capaces de producir obras de arte, música, literatura, diseño o incluso hipótesis médicas, la sociedad se enfrenta a profundos interrogantes sobre la relación entre los creadores humanos y las máquinas inteligentes. La integración de la IA en los métodos artísticos y modernos es muy prometedora para aumentar las oportunidades creativas, democratizar el acceso a los equipos y acelerar los avances. Al mismo tiempo, plantea complejos debates sobre la originalidad, el valor cultural, la ética y el papel decisivo de la creatividad humana.

Uno de los mayores impactos de la IA en el arte es su capacidad para generar contenido novedoso de forma autónoma o en colaboración con personas. Los modelos generativos, como las GAN (Redes Generativas Antagónicas), los modelos de lenguaje basados en transformadores y los algoritmos de transferencia de estilo neuronal, permiten la introducción de imágenes, textos y sonidos que podrían rivalizar con las obras creadas por humanos en complejidad y atractivo. Los artistas utilizan cada vez más la IA como socio innovador, aprovechando algoritmos para descubrir nuevos patrones, remezclar obras existentes o superar las limitaciones técnicas humanas. Esta simbiosis abre territorios estéticos inexplorados y redefine los procesos creativos como diálogos iterativos entre el instinto humano y la creatividad computacional.

La innovación impulsada por la IA trasciende las humanidades y se extiende a los ámbitos científico y tecnológico. El dominio de las máquinas acelera la era de las hipótesis, optimiza los espacios de diseño y automatiza la experimentación. Desde el descubrimiento de fármacos hasta la ciencia e ingeniería de materiales, las estructuras de IA encuentran patrones y respuestas que podrían eludir la cognición humana, mejorando así la capacidad de resolución de problemas. Esta fusión de la perspectiva humana y el poder analítico de la IA reconfigura los flujos de trabajo de innovación, permitiendo vías de exploración más rápidas y diversas.

Sin embargo, el auge de las obras de arte generadas por IA pone en peligro los estándares tradicionales de autoría y propiedad intelectual. Si una obra de arte es creada principalmente por una máquina de IA, ¿quién posee los derechos de autor? ¿El programador, el consumidor o el dispositivo? Los sistemas legales internacionales lidian con estas cuestiones, buscando equilibrar los incentivos a la innovación con el reconocimiento de las empresas innovadoras. Además, surgen inquietudes sobre la devaluación de la creatividad humana y la posible mercantilización de las obras de arte producidas en masa mediante algoritmos.

Las implicaciones culturales también merecen interés. El arte está profundamente arraigado en el disfrute humano, reflejando la identidad, la historia y la crítica social. El contenido generado por IA, si bien es maravilloso, puede carecer de la intensidad contextual o la autenticidad emocional que se percibe en las creaciones humanas. Sin embargo, la IA también puede servir como herramienta para la renovación cultural, restaurando obras perdidas o permitiendo el acceso a tradiciones creativas a través de medios digitales. La interacción entre la IA y la historia cultural abre posibilidades tanto para la innovación como para el mantenimiento.

Las cuestiones éticas acompañan el papel de la IA en el arte y la innovación. El uso de conjuntos de datos que contienen contenido protegido por derechos de autor o culturalmente sensible plantea interrogantes sobre el consentimiento y la representación. Los sesgos inherentes a la información educativa pueden perpetuar estereotipos o marginar voces. Las prácticas transparentes, los conjuntos de datos inclusivos y los métodos participativos pueden contribuir a garantizar que la IA fomente ecosistemas creativos diversos y respetuosos.

La accesibilidad es otro elemento transformador. Los equipos con IA reducen las barreras para los creadores principiantes al simplificar las habilidades técnicas necesarias para una producción creativa compleja. Esta democratización puede empoderar a personas de diversos orígenes, enriqueciendo el panorama cultural con nuevas perspectivas. Al mismo tiempo, desafía las instituciones restrictivas y transforma las economías creativas.

De cara al futuro, la coevolución de la creatividad humana y la IA garantiza un futuro donde la innovación se amplifica mediante alianzas simbióticas. La creatividad aumentada, donde la IA complementa la creatividad humana sin suplantarla, representa un paradigma convincente. Enfatizar los valores humanos, la resonancia emocional y el contexto cultural en el diseño de IA podría ser crucial para fomentar esta alianza.

La IA está transformando el arte y la innovación de forma profunda, ofreciendo oportunidades inauditas y desafíos complejos. Al integrar la IA de forma inteligente en los ámbitos creativo y médico, la sociedad puede aprovechar su capacidad para ampliar la expresión humana, impulsar el descubrimiento y fomentar la innovación inclusiva. Navegar por este futuro exige equilibrar el desarrollo tecnológico con la gestión ética, la sensibilidad cultural y la reafirmación de las características irremplazables de la creatividad humana.

CAPÍTULO 8

Ética e IA: desafíos futuros

8.1. El futuro y las cuestiones éticas

A medida que la inteligencia artificial (IA) se adapta a un ritmo exponencial, los problemas éticos en torno a su desarrollo e integración en la sociedad se vuelven cada vez más acuciantes. El futuro de la IA es prometedor, con avances tecnológicos que podrían revolucionar la atención médica, la educación, el transporte y, en definitiva, todos los aspectos de la vida humana. Sin embargo, estos avances conllevan grandes desafíos éticos que deben abordarse con cuidado para garantizar que las tecnologías de IA se desarrollen e implementen de forma que beneficien a la humanidad sin causar daño.

Una de las preocupaciones morales más importantes relacionadas con la IA es la cuestión de la autonomía, tanto de las máquinas como de las personas que interactúan con ellas. A medida que las estructuras de IA se vuelven cada vez más autosuficientes, crece la preocupación sobre cuánta capacidad de decisión debe confiarse a estas estructuras, especialmente en áreas de alto riesgo como la atención médica, la justicia penal y los vehículos autosuficientes.

Por ejemplo, en el contexto de los vehículos autónomos, los sistemas de IA se encargan de tomar decisiones cruciales que podrían tener consecuencias fatales. ¿Debería programarse un sistema de IA en un vehículo autónomo para priorizar la seguridad de los pasajeros sobre la de los peatones? ¿Qué principios éticos deben guiar estas decisiones? Y, quizás lo más importante, ¿quién debe ser responsable de las acciones de las estructuras de IA que toman tales decisiones? Estas son preguntas complejas que desafían las nociones tradicionales de responsabilidad y rendición de cuentas.

De igual manera, en el ámbito sanitario, se están desarrollando sistemas de IA para ayudar a diagnosticar enfermedades, recomendar remedios o incluso realizar procedimientos quirúrgicos. Si bien estos sistemas pueden mejorar considerablemente los resultados y reducir los errores humanos, también plantean interrogantes sobre la autonomía. ¿Debería la IA tener la autoridad para tomar decisiones clínicas sin intervención humana? ¿Y cómo garantizamos el respeto de los derechos y la dignidad de los pacientes cuando la IA interviene en su atención?

La creciente autonomía de los sistemas de IA plantea interrogantes esenciales sobre la naturaleza de la toma de decisiones humana y si la IA podrá reflejar las decisiones humanas, matizadas y basadas en honorarios. Si bien la IA puede destacar en el procesamiento de datos y la toma de decisiones objetivas basadas en algoritmos, carece de la capacidad humana para recordar el contexto, las emociones y los aspectos éticos. Esto plantea la cuestión de si las máquinas deberían asumir el poder de tomar decisiones que realmente afecten la vida de las personas.

Otro problema moral urgente con la IA en el futuro es la cuestión de la privacidad. A medida que los sistemas de IA se integran más en la vida cotidiana, pueden acceder a cantidades sustanciales de información personal, incluyendo datos confidenciales como información médica, financiera y comportamientos sociales. Si bien esta información puede utilizarse para mejorar los servicios y optimizar la toma de decisiones, también presenta importantes riesgos en términos de privacidad y vigilancia.

El potencial de las estructuras de IA para procesar y analizar grandes conjuntos de datos permite a organizaciones, gobiernos y diversas corporaciones monitorear a las personas a una escala excepcional. La tecnología de reconocimiento facial, por ejemplo, puede utilizarse para la vigilancia masiva, lo que genera inquietudes sobre el derecho de las personas a la privacidad y a la protección contra intrusiones injustificadas de gobiernos o empresas. La recopilación y el análisis de información privada mediante estructuras de IA también pueden causar discriminación, ya que los algoritmos pueden perpetuar inadvertidamente los sesgos presentes en los datos.

A medida que las tecnologías de IA continúan desarrollándose, aumenta la necesidad de normas y marcos sólidos que protejan la privacidad de las personas y eviten el abuso de la IA en la vigilancia. Lograr el equilibrio adecuado entre el uso de la IA para mejorar los servicios y la protección de los derechos de las personas será una tarea ética clave en los próximos años.

El rápido desarrollo de la tecnología de IA aumenta aún más la preocupación por la desigualdad y el desplazamiento de trabajadores humanos. La IA y la automatización tienen el potencial de revolucionar las industrias al aumentar la productividad, reducir los costos y permitir nuevas habilidades. Sin embargo, esto conlleva el riesgo de una pérdida considerable de empleos, especialmente en sectores que dependen de esfuerzos manuales y convencionales.

A medida que las estructuras de IA adquieren mayor capacidad, podría surgir el desafío de que muchos empleos, en particular los de producción, transporte y atención al cliente, sean reemplazados por máquinas. Si bien podrían surgir nuevos empleos como resultado de las mejoras de la IA, no hay garantía de que las personas desplazadas puedan adaptarse a estos nuevos roles, especialmente si carecen de las habilidades necesarias. Esto debería exacerbar las desigualdades sociales y económicas actuales, ya que las ventajas de la IA pueden recaer de forma desproporcionada sobre quienes poseen las competencias y los recursos necesarios para aprovechar las nuevas posibilidades, mientras que quienes carecen de ellas pueden quedar rezagados.

Además, la IA tiene la capacidad de profundizar las desigualdades al exacerbar la brecha de riqueza. Las empresas que gestionan tecnologías de IA deberían acumular enormes cantidades de riqueza, mientras que las personas y grupos ya marginados podrían enfrentarse a dificultades económicas adicionales. La distribución desigual de las ventajas de la IA y la posibilidad de desplazamiento laboral plantean importantes cuestiones éticas sobre la equidad y la justicia en un mundo cada vez más automatizado.

Para abordar estas preocupaciones, los responsables políticos deberán recordar los enfoques para garantizar que los beneficios de la IA se distribuyan equitativamente y que los empleados reciban apoyo durante la transición a nuevos estilos de empleo. Esto podría incluir la inversión en educación y programas educativos que doten a las personas de las habilidades necesarias en un sistema económico impulsado por la IA, además de explorar soluciones que incluyan ingresos primarios familiares para mitigar las consecuencias del desplazamiento de procesos.

A medida que los sistemas de IA se vuelven más autosuficientes y se integran en numerosos aspectos de la sociedad, el problema de la rendición de cuentas se vuelve cada vez más complejo. ¿Quién es responsable si un dispositivo de IA causa daño, toma una decisión poco ética o no funciona según lo previsto? ¿Es el desarrollador que creó el dispositivo, la empresa que lo implementó o el consumidor que confió en él? Los marcos legales y éticos convencionales en materia de responsabilidad no están preparados para abordar los desafíos que plantea la IA.

Por ejemplo, en el caso de un coche autónomo que causa una coincidencia, ¿debe el fabricante del coche ser considerado responsable, o debería el dispositivo de IA ser tratado como un agente autónomo con derechos y obligaciones penales? De igual manera, si un dispositivo de IA en el ámbito sanitario realiza un diagnóstico erróneo que provoca la muerte de un paciente, ¿quién debería ser considerado responsable: los desarrolladores, el proveedor de servicios sanitarios o el propio dispositivo de IA?

El problema de la rendición de cuentas es particularmente complejo en el contexto de los sistemas de IA que analizan y se adaptan con el tiempo. Si una máquina de IA evoluciona con enfoques impredecibles, puede resultar difícil determinar quién es responsable de sus acciones. Esto subraya la necesidad de nuevos marcos penales que puedan abordar los desafíos específicos de la IA y garantizar que las personas y las empresas rindan cuentas por los resultados de las estructuras de IA.

A medida que la tecnología de IA continúa moldeando el futuro, la función ética en su desarrollo e implementación se vuelve cada vez más vital. Las cuestiones éticas deben incorporarse en cada etapa del desarrollo de la IA, desde el diseño hasta la implementación, para garantizar que los sistemas de IA avancen de forma coherente con los valores sociales y los derechos humanos.

Investigadores, desarrolladores y legisladores deben colaborar para establecer directrices éticas para el desarrollo de la IA que prioricen la transparencia, la equidad y la rendición de cuentas. Esto implica garantizar que los sistemas de IA estén diseñados para ser explicables, de modo que sus decisiones puedan ser comprendidas y analizadas por seres humanos. También implica considerar los posibles impactos sociales, económicos y ambientales de la tecnología de IA y asegurar que se implementen de forma que beneficien al público en general.

En el futuro, la IA tiene la capacidad de generar cambios transformadores en la sociedad. Sin embargo, alcanzar su máximo potencial requerirá una atención cuidadosa a los problemas éticos que surgen a medida que estas tecnologías evolucionan. Al abordar cuestiones relacionadas con la autonomía, la privacidad, la desigualdad y la rendición de cuentas, garantizaremos que la IA se desarrolle e implemente de forma que beneficie a la humanidad y contribuya a construir un futuro más justo y equitativo.

8.2. Inteligencia artificial, humanidad y el futuro ético

El destino de la inteligencia artificial (IA) garantiza cambios transformadores para la humanidad. Desde la mejora de las capacidades humanas hasta la resolución de complejas situaciones globales, la IA tiene la capacidad de transformar sociedades, economías y culturas de maneras que aún no hemos comprendido completamente. Sin embargo, estos avances también plantean profundas cuestiones éticas sobre la relación entre la IA y la humanidad. A medida que la IA se adapta y se integra cada vez más en la vida cotidiana, desafiará cada vez más nuestras nociones tradicionales de identidad, agencia y moralidad.

En el centro de las cuestiones éticas en torno a la IA se encuentra la cuestión de la organización humana: la capacidad de los individuos para tomar decisiones y actuar conforme a su voluntad. A medida que las estructuras de IA se vuelven más autónomas y capaces de tomar decisiones, uno de los principales problemas es hasta qué punto pueden influir o incluso reemplazar la toma de decisiones humana.

En muchos ámbitos de la existencia, la IA ya está empezando a asumir funciones que históricamente han estado a cargo de las personas. Por ejemplo, los sistemas impulsados por IA se utilizan para asistir en diagnósticos médicos, tomar decisiones de contratación y determinar la solvencia. Si bien estas estructuras a menudo superan a los seres humanos en rendimiento y precisión, también plantean interrogantes sobre si las personas perderán su capacidad para tomar decisiones significativas sobre su vida personal. Si los sistemas de IA toman decisiones en nombre de las personas —decisiones que afectan sus carreras profesionales, su salud y su bienestar—,

¿dónde termina la acción humana y dónde comienza el control de las máquinas?

Además, el potencial de la IA para superar la inteligencia humana plantea problemas morales aún más profundos. Si los sistemas de IA se vuelven más inteligentes que los humanos, teóricamente podrían tomar decisiones y forjar el futuro de maneras que los seres humanos no pueden comprender ni gestionar por completo. Esto plantea preguntas sobre cuánto poder debe confiarse a las máquinas y si los seres humanos tendrán la capacidad de forjar su propio destino en un mundo cada vez más dominado por la IA.

A medida que avanzamos, probablemente será crucial garantizar que las estructuras de IA evolucionen hacia enfoques que preserven la autonomía y el liderazgo humano. Es necesario establecer marcos éticos para garantizar que la IA siga siendo una herramienta al servicio de las necesidades humanas, en lugar de reemplazarlas o invalidarlas.

Una de las maneras más significativas en que la IA moldeará el futuro de la humanidad es a través de su impacto en la fuerza laboral. La IA y la automatización tienen la capacidad de revolucionar las industrias, aumentar la productividad y reducir los costos. Sin embargo, estos avances también representan un riesgo grave para los empleos, especialmente aquellos que implican trabajo manual o rutinario.

En sectores como la manufactura, el transporte y la atención al cliente, la IA ya se está utilizando para automatizar tareas que antes eran realizadas por personas. Si bien esto podría generar mayor eficiencia, también agrava el problema ético de la pérdida de empleo. A medida que los sistemas de IA se vuelven más eficaces, pueden dejar obsoletos a grandes segmentos de la fuerza laboral, dejando a muchos sin un empleo significativo.

Esta posible disrupción del mercado laboral plantea importantes cuestiones éticas sobre cómo la sociedad debería abordar el desplazamiento de trabajadores. ¿Deberíamos adoptar la Renta Básica Universal (RBU) como método para brindar asistencia financiera a quienes pierden sus empleos debido a la IA? ¿Cómo podemos garantizar que los beneficios de la IA y la automatización se distribuyan equitativamente en toda la sociedad, en lugar de concentrar la riqueza y el poder en manos de unas pocas empresas e individuos?

Además, a medida que los sistemas de IA asumen responsabilidades adicionales, puede haber una creciente necesidad de que los trabajadores se adapten y adquieran nuevas habilidades. Sin embargo, no todos los empleados tendrán acceso a la formación y los recursos necesarios para la transición a nuevos roles. Esto plantea interrogantes sobre la desigualdad social y la capacidad de la IA para exacerbar las brechas económicas existentes. La responsabilidad ética de los gobiernos, las empresas y las instituciones educativas puede ser crucial para abordar estos desafíos y garantizar que los beneficios de la IA se distribuyan ampliamente.

Si bien la capacidad de la IA para desplazar actividades es una preocupación principal, también promete mejorar el talento humano en métodos que antes se creían imposibles. Las estructuras de IA pueden contribuir a la investigación clínica, mejorar la educación y ofrecer perspectivas sobre problemas complejos, como el cambio climático y la pobreza. En muchos casos, la IA puede aumentar la inteligencia humana, permitiéndoles resolver problemas y tomar decisiones que serían difíciles o imposibles de tomar por sí solos.

Por ejemplo, en la medicina, la IA se utiliza para analizar enormes cantidades de historiales clínicos y descubrir patrones que podrían pasar desapercibidos con médicos humanos. Esto podría conducir a diagnósticos más tempranos, tratamientos más eficaces y, a largo plazo, a una vida infinita. De igual manera, la IA se está utilizando para ampliar los sistemas de aprendizaje personalizados que podrían adaptar las experiencias educativas a las necesidades individuales de los estudiantes, lo que podría mejorar el acceso a una educación de calidad para las personas de todo el mundo.

En el futuro, la integración de la IA en la toma de decisiones humanas debería generar una nueva generación de desarrollo humano, en la que las personas estén empoderadas para tomar decisiones más informadas y eficaces en todos los ámbitos de la vida. Sin embargo, esta capacidad depende del desarrollo ético y la implementación de las tecnologías de IA.

Las preocupaciones éticas deben garantizar que las estructuras de IA estén diseñadas para mejorar la capacidad humana, en lugar de debilitarla. Esto incluye garantizar que los sistemas de IA estén disponibles, sean transparentes y justos, y que no perpetúen los sesgos ni las desigualdades existentes. También implica garantizar que la IA se utilice con enfoques que promuevan el bienestar humano, y no con fines explotadores o peligrosos.

A medida que la IA continúa mejorando, también existen riesgos éticos a largo plazo que deben considerarse cuidadosamente. Uno de los problemas más importantes es la posibilidad de que la IA supere la inteligencia humana, una situación a menudo denominada "singularidad". Si los sistemas de IA llegaran a ser mucho más inteligentes que los seres humanos, podrían desarrollar sus propios sueños y agendas, que podrían no estar alineados con los valores o intereses humanos. Esto podría tener consecuencias catastróficas, especialmente si los sistemas de IA logran actuar con mayor eficiencia y velocidad que los responsables de la toma de decisiones.

La perspectiva de que las estructuras de IA funcionen independientemente de la gestión humana plantea la dificultad ética de su potencial para representar una amenaza para la humanidad. Si la IA se volviera autosuficiente y persiguiera objetivos incompatibles con la supervivencia humana, ¿qué medidas se tomarían para evitar que causara daños? ¿Cómo podemos asegurarnos de que la IA se mantenga alineada con los valores humanos, incluso a medida que se vuelva más capaz?

Además, el despliegue de IA en contextos navales y de seguridad genera considerables preocupaciones éticas. Las estructuras de armas autónomas, por ejemplo, podrían tomar decisiones cruciales sin intervención humana, lo que plantea interrogantes sobre el deber, la proporcionalidad y el uso ético de la fuerza. El desarrollo futuro de la IA en estas regiones requerirá una supervisión rigurosa y la cooperación internacional para evitar el uso indebido de las tecnologías de IA en situaciones de conflicto.

A medida que la IA continúa adaptándose, las situaciones moralmente exigentes que plantea requerirán un análisis y un debate continuos. El futuro de la IA ya no lo determinará la tecnología en sí, sino las decisiones éticas que tomemos como sociedad. Es fundamental que desarrollemos un marco ético sólido para la IA que considere no solo sus beneficios potenciales, sino también sus riesgos y perjuicios.

Los responsables políticos, desarrolladores, investigadores y especialistas en ética deben colaborar para garantizar que la IA se desarrolle y se implemente de forma que beneficie a toda la humanidad. Esto incluye establecer recomendaciones para el desarrollo responsable de la IA, garantizar la transparencia y la responsabilidad, y abordar las implicaciones sociales, económicas y políticas de la tecnología de IA.

El futuro moral de la IA depende de nuestra capacidad para afrontar situaciones exigentes y tomar decisiones que se ajusten a nuestros valores compartidos. Al asegurar que la IA avance en enfoques que promuevan el bienestar, la dignidad y la justicia humanos, construiremos un futuro en el que la IA complemente, en lugar de disminuir, la experiencia humana.

8.3. Los efectos a largo plazo de la IA en la sociedad

A medida que la inteligencia artificial (IA) se adapta a un ritmo sin precedentes, sus efectos a largo plazo en la sociedad se hacen cada vez más evidentes. Si bien la IA tiene un gran potencial para mejorar diversos aspectos de la vida humana, desde la atención médica hasta la educación y el transporte, también plantea profundas preguntas sobre los cambios sociales que podría provocar en las próximas décadas. Estos cambios abarcarán cambios en la comunidad laboral, las estructuras financieras, la dinámica social e incluso las normas culturales.

Uno de los cambios más profundos que se prevé que la IA traerá consigo es la transformación del personal a nivel mundial. A medida que las tecnologías de IA avanzan, es probable que muchos trabajos que históricamente han sido realizados por personas se automaticen. Esta tendencia ya es evidente en sectores como la producción, el transporte y la atención al cliente, donde las máquinas y los robots impulsados por IA están comenzando a asumir tareas repetitivas y manuales.

Si bien la IA tiene el potencial de aumentar la productividad y crear nuevas oportunidades de innovación, también plantea importantes desafíos para el empleo. La automatización de trabajos rutinarios podría resultar en una pérdida sustancial de puestos de trabajo, especialmente para trabajadores en sectores de baja cualificación y con salarios ocasionales. Este cambio podría exacerbar las desigualdades sociales, ya que las personas sin las habilidades o los recursos necesarios para adaptarse a nuevos roles también pueden verse excluidas del mercado laboral.

Además, la naturaleza misma del trabajo debería cambiar. A medida que la IA asume tareas más rutinarias y repetitivas, se puede exigir a las personas que se concienticen sobre responsabilidades de mayor nivel que requieren creatividad, resolución de problemas e inteligencia emocional. Esto podría resultar en un cambio en las formas tradicionales de trabajo y un mayor énfasis en trabajos que requieren habilidades exclusivamente humanas. Sin embargo, esta transición puede ser difícil de afrontar para los trabajadores sin la formación y el apoyo adecuados.

Para mitigar las posibles consecuencias negativas de la IA en el empleo, probablemente será crucial invertir en programas de educación y desarrollo profesional que ayuden a las personas a adaptarse a las nuevas tecnologías y a desarrollar las capacidades necesarias para sus futuros empleos. Además, los responsables políticos también deberían considerar nuevos modelos económicos, como la renta básica universal (RBU), para garantizar que las personas cuyos empleos sean reemplazados por la IA puedan mantener un nivel de vida digno.

Se espera que la IA tenga un profundo impacto en el sistema financiero mundial. A medida que la automatización se generaliza, ciertas industrias también podrían experimentar una reducción drástica en los costos laborales, lo que se traducirá en mayor rendimiento y rentabilidad. Al mismo tiempo, es probable que surjan nuevas industrias y modelos de negocio. La IA permite mejoras que antes se consideraban imposibles.

Sin embargo, esta disrupción económica podría provocar cambios significativos en la distribución de la riqueza. Las grandes empresas capaces de aprovechar la tecnología de IA deberían obtener una cantidad desproporcionada de poder y riqueza, consolidando así su control sobre los mercados. Esto podría generar una mayor desigualdad económica, ya que los beneficios de la IA se concentran en unos pocos, mientras que otros quedan relegados.

El auge de las industrias impulsadas por la IA también puede generar nuevas oportunidades de generación de riqueza, pero estas posibilidades podrían no ser igualmente accesibles para todos. Es probable que profesionales altamente cualificados en campos como la ingeniería de software, la ciencia de datos y el desarrollo de IA vean una mayor demanda de sus servicios, mientras que los empleados con funciones más recurrentes también podrían encontrar sus habilidades obsoletas.

Esta redistribución de la riqueza y el poder podría causar malestar social y un aumento de las tensiones entre sectores socioeconómicos específicos. Podría ser crucial que los gobiernos y las agencias globales aborden estas disparidades mediante la promoción de políticas que garanticen la distribución justa de los beneficios de la IA. Las reformas fiscales, las redes de protección social y las inversiones en educación y formación pueden ser clave para evitar la profundización de las brechas económicas.

La IA tiene la capacidad de regular significativamente el tejido social de las sociedades. A medida que la tecnología de IA se integre más en la vida cotidiana, afectará la forma en que las personas interactúan, configuran sus relaciones y participan en la vida social y política. La forma en que la IA afecte a estas dinámicas sociales dependerá en gran medida de cómo se implemente y gestione.

Una de las preocupaciones más apremiantes es la capacidad de la IA para exacerbar las desigualdades sociales actuales. Si los sistemas de IA se desarrollan e implementan con enfoques que replican los sesgos y prejuicios de sus creadores, podrían perpetuar o incluso intensificar la discriminación por motivos de raza, género, estatus socioeconómico y otros factores. Por ejemplo, los algoritmos de IA utilizados en la contratación, la concesión de préstamos y la aplicación de la ley podrían aumentar involuntariamente las disparidades existentes al favorecer a ciertas organizaciones sobre otras.

Además, el uso significativo de la IA debería transformar la forma en que las personas interactúan en el ámbito público. A medida que las estructuras de IA asumen roles adicionales tradicionalmente desempeñados por seres humanos —como representantes de atención al cliente, asesores de salud e incluso acompañantes personales—, existe la posibilidad de que las relaciones humanas se vuelvan más transaccionales y menos privadas. Si la IA comienza a evolucionar para mejorar la interacción humana en estos ámbitos, podría provocar aislamiento social y una disminución de la participación social.

Para abordar estos problemas, será fundamental impulsar sistemas de IA que sean transparentes, responsables y estén diseñados para promover el bienestar social. Es necesario establecer marcos y normas éticas para garantizar que las tecnologías de IA se utilicen para reducir, en lugar de agravar, las desigualdades sociales. Además, es necesario garantizar que la IA no debilite los vínculos sociales, esenciales para una sociedad sana y próspera.

Además de las influencias monetarias y sociales de la IA, sus consecuencias a largo plazo también se sentirán en el ámbito de la subcultura y la psicología. A medida que la IA se vuelve más capaz de replicar comportamientos similares a los humanos o incluso de crear arte, literatura y música, puede desafiar las concepciones tradicionales de la creatividad y la identidad.

Por ejemplo, las obras de arte y literatura generadas por IA plantean cuestiones cruciales sobre la autoría y la originalidad. Si un dispositivo puede crear una pintura o escribir una obra singular indistinguible de la de un artista humano, ¿quién posee los derechos de esa obra? ¿Qué implicaciones tiene para la creatividad humana que las máquinas puedan producir obras de arte que no solo son útiles, sino también estéticamente atractivas y emocionalmente impactantes?

A nivel mental, la creciente presencia de la IA en la vida cotidiana debería modificar la percepción que las personas tienen de sí mismas y de su lugar en el mundo. Si los sistemas de IA superan a las personas en muchas áreas, estas podrían empezar a cuestionar sus propias habilidades y motivación. Asimismo, existe la posibilidad de que las personas se vuelvan excesivamente dependientes de la IA, lo que conlleva una menor percepción de responsabilidad personal y de liderazgo.

Además, a medida que la IA se vuelva más avanzada, podría suscitar preguntas existenciales sobre la naturaleza de la atención y la inteligencia. Si las máquinas pueden mostrar rasgos similares a los humanos, como la capacidad de conocer, adaptarse y tomar decisiones, podrán desafiar las nociones tradicionales de lo que significa ser humano.

El efecto cultural y psicológico de la IA requiere una consideración cautelosa a medida que la sociedad avanza. Podría ser crucial fomentar un diálogo sobre el papel de la IA en la configuración de la identidad y la creatividad humanas, a la vez que se asegura que las personas mantengan un sentido de colectividad y razonamiento en un mundo cada vez más inspirado por las máquinas.

Los efectos a largo plazo de la IA en la sociedad dependerán en gran medida de cómo se gestionen las tecnologías de IA. A medida que los sistemas de IA se vuelvan más eficaces y de mayor envergadura, será crucial establecer normas éticas y marcos regulatorios claros para garantizar que su implementación se ajuste a los valores sociales y los derechos humanos.

Los gobiernos, las empresas globales y los líderes empresariales deben colaborar para crear regulaciones que promuevan el desarrollo y el uso responsables de la IA. Esto incluye garantizar que la IA se desarrolle de forma transparente, con la participación de diversas partes interesadas, y que sus posibles riesgos se evalúen y mitiguen cuidadosamente.

La gobernanza de la IA debe priorizar además la protección de los derechos humanos, garantizando que la IA no vulnere las libertades individuales ni contribuya a la erosión de la democracia. Esto también puede incluir la promulgación de nuevas leyes y acuerdos internacionales para modificar el uso de la IA en áreas como la vigilancia, los programas militares y las series de datos personales.

Las consecuencias a largo plazo de la IA en la sociedad dependerán de las decisiones que tomemos hoy. Al priorizar las preocupaciones éticas y trabajar para garantizar que la IA avance en beneficio de todos, podemos crear un futuro donde la IA complemente, en lugar de socavar, el disfrute humano.

8.4. Gobernanza global de la IA: Cooperación internacional

La inteligencia artificial ha emergido como una fuerza transformadora con alcance internacional, trascendiendo las fronteras nacionales e influyendo en las economías, las sociedades y los entornos de seguridad globales. El rápido desarrollo e implementación de las tecnologías de IA plantea desafíos complejos que ningún país puede afrontar eficazmente por sí solo. Cuestiones como los requisitos éticos, la protección, la privacidad, la responsabilidad, los riesgos de doble uso y el acceso equitativo requieren una gobernanza internacional coordinada. La cooperación global en la gobernanza de la IA es fundamental para armonizar las normas, prevenir la competencia peligrosa, promover la innovación responsable y garantizar que los beneficios de la IA se compartan de forma inclusiva y sostenible.

La naturaleza transnacional del desarrollo de la IA se deriva de la interconexión de la infraestructura digital, la circulación globalizada de datos y la naturaleza internacional de las cadenas de suministro de la era digital. La investigación, el talento y el capital en IA se distribuyen por todos los continentes, con la colaboración y la oposición desplegándose simultáneamente entre gobiernos, agencias y el mundo académico. Esta dinámica complica las estrategias regulatorias unilaterales y pone de relieve la necesidad de marcos multilaterales que integren diversos intereses y valores, a la vez que mantienen estándares esenciales.

Un impulso esencial para la gobernanza mundial de la IA es la mitigación de los riesgos asociados a su capacidad de doble uso. Las armas autónomas, la tecnología de vigilancia y las cibercompetencias plantean amenazas a la protección que podrían desestabilizar los equilibrios geopolíticos o violar los derechos humanos. Sin una cooperación sólida, la amenaza de la competencia por el control de la IA o su uso indebido se intensifica, con profundas consecuencias para la paz y el equilibrio mundiales. Se necesitan tratados y acuerdos internacionales, similares a los de no proliferación nuclear o control de armas químicas, para establecer normas, mecanismos de verificación y rendición de cuentas para los programas de IA con implicaciones militares o de vigilancia.

Las consideraciones éticas sustentan los esfuerzos para crear marcos compartidos para la gobernanza de la IA. Las diferentes culturas y sistemas penales transmiten diversas perspectivas sobre la privacidad, la equidad, la transparencia y la dignidad humana. Se requiere un lenguaje internacional inclusivo para comprender los valores comunes y conciliar las diferencias, garantizando que la gobernanza de la IA refleje pluralismo en lugar de imponer una única cosmovisión. Organizaciones como las Naciones Unidas, la UNESCO, la OCDE y coaliciones especializadas en IA facilitan la creación de consenso normativo mediante directrices, ideas y buenas prácticas que orientan las regulaciones nacionales y la conducta empresarial.

La gobernanza de datos representa un componente esencial de la cooperación internacional. Los flujos de información transfronterizos impulsan los sistemas de IA, pero aumentan las preocupaciones sobre la soberanía, la seguridad y la privacidad. Establecer estándares interoperables para la protección de datos, el uso ético y el acceso equitativo puede reducir la fragmentación y facilitar la innovación responsable. Los acuerdos sobre intercambio de información, respetando las políticas nacionales, pueden acelerar los descubrimientos médicos y afrontar desafíos internacionales como el cambio climático y las crisis de salud pública.

Las dimensiones económicas también motivan la coordinación de la gobernanza. La IA impulsa la competitividad en industrias emergentes y mercados de trabajo. Garantizar prácticas comerciales justas, frenar el dominio monopolístico y fomentar el desarrollo de capacidades en países en desarrollo son cruciales para un crecimiento equitativo. La cooperación internacional puede promover la transferencia de tecnología, la educación y la inversión, reduciendo la brecha digital y permitiendo una mayor participación en la economía impulsada por la IA.

La implementación de la gobernanza mundial de la IA se enfrenta a importantes limitaciones. Las rivalidades geopolíticas, las diferentes filosofías regulatorias y las preocupaciones sobre la soberanía nacional limitan el consenso. Equilibrar la protección con la apertura, la innovación con la precaución, y los intereses comerciales con los imperativos morales exige talento diplomático y aceptación mutua. Los mecanismos de ejecución, resolución de disputas y seguimiento del cumplimiento normativo siguen estando poco desarrollados.

La participación de múltiples partes interesadas es esencial para una gobernanza eficaz. Los gobiernos, los actores del sector privado, el mundo académico, la sociedad civil y las comunidades técnicas aportan conocimientos y perspectivas únicos. Las plataformas colaborativas facilitan la resolución compartida de problemas, la transparencia y la legitimidad. Iniciativas como la Alianza Mundial sobre IA (GPAI) ejemplifican los esfuerzos para conectar sectores y países en pos del desarrollo responsable de la IA.

De cara al futuro, el orden establecido de una sólida arquitectura internacional de gobernanza de la IA incluirá métodos iterativos de diálogo, establecimiento de normas, desarrollo de capacidades y regulación adaptativa. Debe ser flexible para adaptarse a los avances tecnológicos y a las nuevas situaciones exigentes. Mejorar la conciencia pública y fomentar la ciudadanía digital internacional puede empoderar a personas de todo el mundo para participar en la configuración de la trayectoria de la IA.

La cooperación internacional es vital para gestionar el poder transformador de la IA de forma responsable y equitativa. Mediante compromisos compartidos, directrices coordinadas y una participación inclusiva, la comunidad internacional puede aprovechar la capacidad de la IA para abordar situaciones colectivas complejas, proteger los derechos fundamentales y promover el desarrollo sostenible. Abordar este complejo panorama exige un liderazgo visionario, fomentar la confianza y una colaboración sostenida para garantizar que la IA sea un motor para la realidad común en un mundo interconectado.